쉽게 만들고 신나게 즐길 수 있는
강아지 손뜨개 장난감

쉽게 만들고 신나게 즐길 수 있는
강아지 손뜨개 장난감

문주희 지음

팜파스

Prologue

2020년 1월 1일, 너무 작아서 안는 것도 조심스러웠던 700g의 아이는 저의 가족이 됐어요.
시중에 판매 중인 장난감은 너무 커서 작은 사이즈의 손뜨개 장난감을 하나 만들어줬는데, 그 작은 입으로 물고 뜯고 던지면서 정말 재미있게 놀더라고요.
잘 먹고 잘 커서 이제 2.5kg의 씩씩한 아이가 됐지만 여전히 제가 만든 장난감을 정말 좋아합니다.

털실로 만들어서 말랑한 장난감은 안전하게 물고 놀기에 정말 좋아요.
안쪽에 삑삑이를 넣어주면 흥미를 유발하고 여기저기 간식을 숨길 수 있는 노즈워크로 후각훈련까지 챙길 수 있답니다.
캣닢을 넣거나 낚싯대에 장난감을 달아주면 반려묘의 사랑까지 듬뿍 받을 수 있을 거예요.
쉽게 만들어서 재미있게 즐길 수 있는 장난감을 만들려고 노력했어요. 함께 재미있게 즐겨주시길 바랍니다.
항상 따뜻한 남편과 알콩이, 언제나 응원해주는 수강생분들과 책을 위해 애써주신 편집자님 그리고 작고 소중한 생명들에게 보금자리를 내어준 여러분께 감사합니다.
사진 모델이 되어 준 작은 친구들과 유기견 보호단체 <함께 걸을개> 팀에도 깊은 감사를 전합니다.
제 일곱 번째 책에 여러분의 작고 소중한 가족을 위한 뜨개를 담을 수 있게 되어서 매우 기쁩니다.

Contentes

Prologue • 005

Basic 01 도구와 재료

도구 • 010   재료 • 011

Basic 02 기초 뜨개 기법

원형코 • 012

짧은뜨기 • 015

짧은뜨기 2코 늘려뜨기 • 016

짧은뜨기 3코 늘려뜨기 • 017

짧은뜨기 2코 모아뜨기 • 018

짧은뜨기 3코 모아뜨기 • 019

뒤돌아 짧은뜨기 • 020

짧은뜨기 이랑뜨기 1 • 021
기호의 아래쪽에 줄이 있을 경우

짧은뜨기 이랑뜨기 2 • 022
기호의 위쪽에 줄이 있을 경우

사슬코 • 023

빼뜨기 • 025

평면뜨기 • 026

긴뜨기 • 028

긴뜨기 3코 늘려뜨기 • 029

긴뜨기 2코 모아뜨기 • 030

한길긴뜨기 • 032

한길긴뜨기 2코 늘려뜨기 • 033

한길긴뜨기 4코 늘려뜨기 • 034

한길긴뜨기 5코 늘려뜨기 • 034

한길긴뜨기 4코 구슬뜨기 • 034

장난감 만들기

명절

🐾 한복 머플러 🐾
042

🐾 호박전 🐾
044

생선가게

🐾 문어 🐾
050

🐾 오징어 🐾
054

🐾 굴비 🐾
058

채소가게	과일가게	카페

채소가게	과일가게	카페
🐾 당근 🐾 064	🐾 딸기 🐾 110	🐾 커피 🐾 128
🐾 배추 🐾 068	🐾 복숭아 🐾 114	🐾 머핀 🐾 132
🐾 양파 🐾 072	🐾 귤 🐾 118	🐾 햄버거 🐾 138
🐾 옥수수 🐾 078	🐾 체리 🐾 122	🐾 하트 도너츠 🐾 142
🐾 표고버섯 🐾 084		🐾 아이스크림 🐾 146
🐾 무 🐾 090		
🐾 고구마 🐾 094		
🐾 감자 🐾 100		
🐾 마늘 🐾 104		

분식집

 김밥
154

 소시지
158

 치킨
162

 새우튀김
166

 어묵
170

 케첩·머스터드
174

붕어빵 가게

 붕어빵
180

 땅콩빵
184

**맛있게 뜯고 맛보고
즐겼다면
양치도 열심히!**

치약 장난감
188

액세서리

 강아지 얼굴 배변봉투
194

 우유 모양 배변봉투
198

 감귤 모자
202

 학사모
206

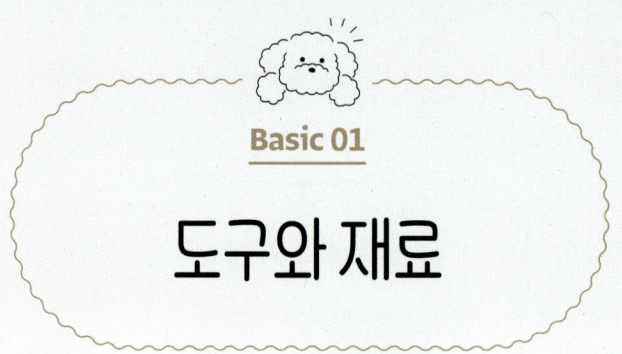

Basic 01
도구와 재료

🐾 도구

1 코바늘 4호, 5호, 6호, 7호_ 털실의 두께에 맞는 코바늘을 사용하면 된다. 모사용 코바늘의 경우 호수가 커질수록 코바늘의 두께도 두꺼워진다.

2 돗바늘_ 털실용 바늘로 일반 바늘에 비해 바늘 끝이 둥글고 바늘귀가 크다.

3 가위_ 털실을 자를 때 사용한다.

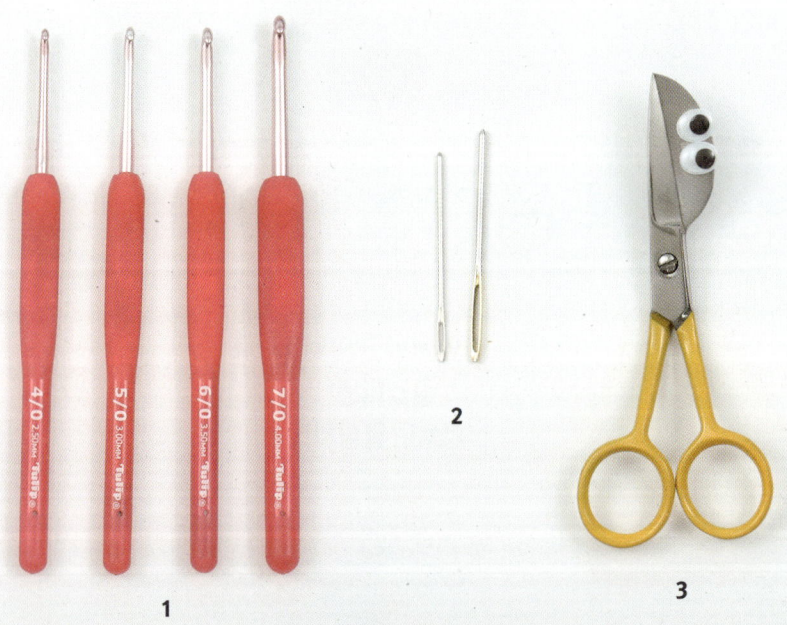

1

2

3

🐾 재료

1 털실_ 다양한 털실을 사용했다. 실과 코바늘의 두께에 따라 같은 도안으로 만들더라도 사이즈가 다른 결과물로 완성할 수 있다. 장난감의 사이즈를 줄이고 싶다면 원작보다 얇은 실과 코바늘로 뜨면 된다. 반대로 늘리고 싶다면 원작보다 두꺼운 실과 코바늘로 뜨면 된다.

2 구름솜_ 장난감을 채울 때 사용한다. 장난감은 물고 놀기 좋도록 솜은 말랑할 정도로만 넣어주는 것이 좋다.

3 가방 바닥_ 학사모 사이에 넣어서 네모난 모양을 빳빳하게 만들어준다. 하드보드지나 책받침 등으로 대체해도 된다. 세탁할 경우에 종이는 젖기 때문에 젖지 않는 소재를 넣는 것이 좋다.

4 패브릭얀_ 원단으로 만든 두꺼운 실로 물고 잡아당겨도 튼튼해서 장난감에 사용하면 좋다.

5 밧줄 타입 스트링(가방끈_12mm)_ 두꺼운 끈을 사용해서 터그용 끈으로 만들어주면 잡아당기면서 노는 장난감으로 좋다.

6 우동끈_ 다양한 색상의 우동끈을 사용하면 각종 장난감을 만들 때 다양한 표현을 할 수 있다. 또한 튼튼한 소재여서 쉽게 망가지지 않아서 좋다.

7 자수실_ 이 책에서는 학사모의 끈에 사용했다. 자수실 혹은 털실을 사용해도 좋다.

8 그 외_ 소리가 나는 뽁뽁이나 비닐 등을 솜이 들어가는 장난감 사이에 넣어주면 소리가 나서 호기심과 흥미를 자극할 수 있다.

Basic 02
기초 뜨개 기법

🐾 원형코

짧은뜨기로
원형코 만들기

01 오른손으로 실의 꼬리 부분을 잡고 왼손의 집게손가락 위쪽으로 실을 넘긴 후 가운뎃손가락과 약손가락에 2번 감아 고리를 만든다.

02 실꼬리를 새끼손가락 사이에 끼워서 풀리지 않도록 하고 과정 01에서 2번 감아서 만든 고리 사이로 코바늘을 넣는다.

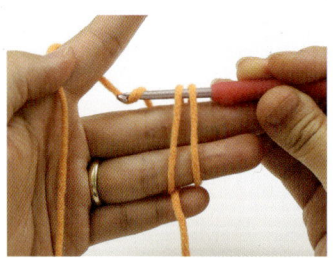

03 코바늘을 집게손가락에 걸린 실과 손가락 사이의 공간으로 통과시킨 후 바깥쪽에서 실을 감는다.

04 감은 실을 고리 사이로 들어 올리면 사진과 같은 모양이 된다.

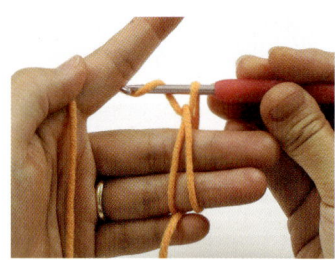

05 다시 집게손가락에 걸린 실을 감는다.

06 감은 실을 고리(과정 04에서 만든)로 빼낸다.

07 다시 고리 안으로 코바늘을 넣는다.

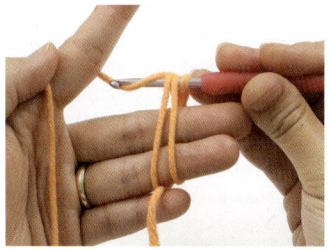

08 집게손가락에 걸린 실을 감는다.

09 감은 실을 고리 위쪽으로 들어 올리면 코바늘 위에 2줄이 걸려 있게 된다.

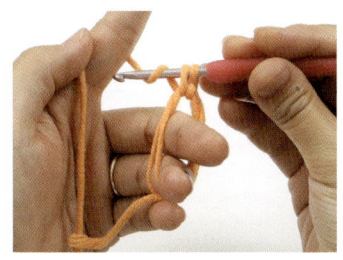

10 집게손가락에 걸린 실을 한 번 더 감는다.

11 감은 실을 2줄 사이로 한 번에 빼내면 첫 번째 코가 만들어진다.

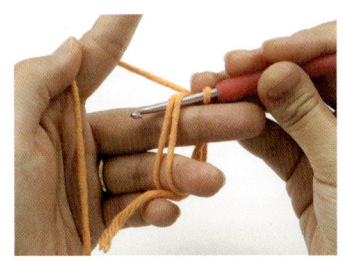

12 고리 안으로 코바늘을 넣는다.

13 집게손가락에 걸린 실을 감는다.

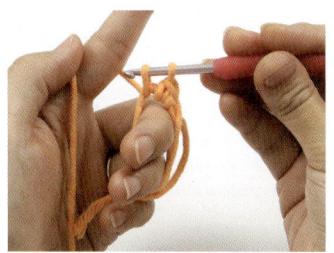

14 감은 실을 빼내면 코바늘 위에 2줄이 걸려 있게 된다.

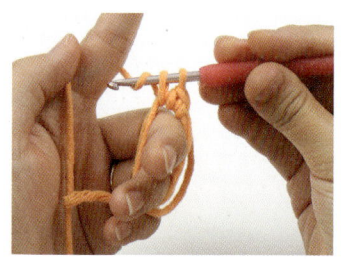

15 집게손가락에 걸린 실을 한 번 더 감는다.

16 감은 실을 2줄 사이로 한 번에 빼내면 원형코 만들기에서 두 번째 코가 만들어진다.

17 과정 12~16을 반복해서 원하는 개수만큼 코를 만든다. 사진은 짧은뜨기 6코로 원형코를 만든 모습

TIP 코의 개수를 셀 때는 코바늘에 걸려 있는 고리는 제외하고 바로 옆에 있는 사슬 모양의 코부터 마지막 코까지 개수를 센다. 만들려고 했던 코의 개수가 맞는지 확인한 후 다음 단계로 넘어간다.

18 코바늘이 걸려 있던 고리가 왼쪽으로 오도록 놓고, 왼손으로 사슬 모양의 코가 모두 위쪽을 향하도록 잡는다. 실꼬리 부분은 빼거나 잡아당기지 않고 그대로 둔다.

19 마지막 코의 옆쪽에 연결된 고리 2줄 중에서 앞쪽에 있는 줄을 찾아서 잡는다.

20 잡은 실을 오른쪽 아래 방향으로 쭉 당긴다.

21 과정 18에서 그대로 둔 실꼬리를 잡아서 끝까지 쭉 당긴다.

22 실꼬리를 끝까지 당긴 모습

23 짧은뜨기 6코로 원형코를 완성한 모습

TIP 긴뜨기나 한길긴뜨기로 원형코를 만들 때도 도안의 개수대로 뜬 후, 과정 18~21과 같은 방법으로 원형으로 오므려 준다.

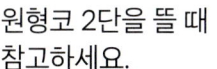

원형코 2단을 뜰 때 참고하세요.

01 다음 코에 코바늘을 넣는다.

TIP 원형코를 만들고 난 후에 첫 번째 코를 찾을 때는 고리의 오른쪽 옆 코부터 시계방향으로 코를 세서 마지막 코에 코바늘을 넣는다(6코를 만들었다면 여섯 번째 코가 된다).

02 실을 감는다.

03 감은 실을 코 위쪽으로 들어 올리면 사진과 같이 코바늘 위에 2개의 줄이 생긴다.

04 실을 한 번 더 감는다.

05 감은 실을 2줄 사이로 한 번에 빼내면 짧은뜨기 1코가 완성된다.

🐾 짧은뜨기 2코 늘려뜨기

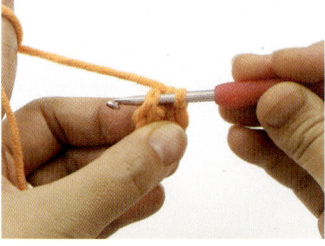

01 짧은뜨기 과정 01과 같은 코에 코바늘을 넣는다.

02 실을 감는다.

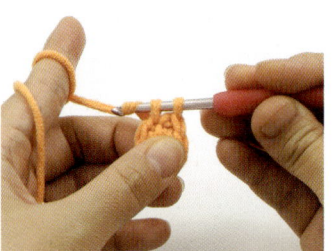

03 감은 실을 코 위쪽으로 들어 올리면 사진과 같이 코바늘 위에 2개의 줄이 생긴다.

04 실을 한 번 더 감는다.

05 감은 실을 2줄 사이로 한 번에 빼내면 짧은뜨기 2코 늘려뜨기가 완성된다.

짧은뜨기 3코 늘려뜨기

짧은뜨기
3코 늘려뜨기
영상 42초부터

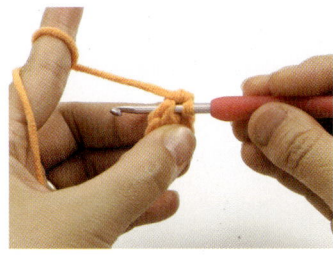

01 짧은뜨기 2코 늘려뜨기한 후 같은 코에 코바늘을 한 번 더 넣는다.

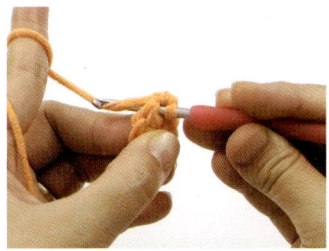

02 실을 감는다.

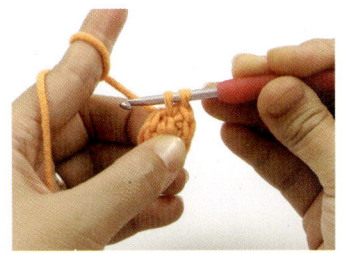

03 감은 실을 코 위쪽으로 들어 올리면 사진과 같이 코바늘 위에 2개의 줄이 생긴다.

04 실을 한 번 더 감는다.

05 감은 실을 2줄 사이로 한 번에 빼내면 짧은뜨기 3코 늘려뜨기가 완성된다.

06 짧은뜨기 3코 늘려뜨기가 완성된 모습

🐾 짧은뜨기 2코 모아뜨기

01 떠야 할 코에 코바늘을 넣는다.

02 실을 감는다.

03 감은 실을 코 위쪽으로 들어 올리면 사진과 같이 코바늘 위에 2개의 줄이 생긴다.

04 과정 01에서 코바늘을 넣었던 코의 다음 코(=왼쪽 옆 코)으로 코바늘을 넣는다.

05 실을 감는다.

06 감은 실을 코 위쪽으로 들어 올리면 코바늘 위에 3개의 줄이 생긴다.

07 실을 한 번 더 감는다.

08 감은 실을 3줄 사이로 한 번에 빼내면 짧은뜨기 2코 모아뜨기가 완성된다(아래의 2코가 1코로 줄어들게 된다).

짧은뜨기 3코 모아뜨기

△

짧은뜨기
3코 모아뜨기
영상 48초부터

01 짧은뜨기 2코 모아뜨기 과정 01~06과 똑같이 반복한다.

02 짧은뜨기 2코 모아뜨기 과정 04에서 넣었던 코의 다음 코(=왼쪽 옆 코)로 코바늘을 넣는다.

03 실을 감는다.

04 감은 실을 코 위쪽으로 들어 올리면 코바늘 위에 4개의 줄이 생긴다.

05 실을 한 번 더 감는다.

06 감은 실을 4줄 사이로 한 번에 빼내면 짧은뜨기 3코 모아뜨기가 완성된다(아래의 3코가 1코로 줄어들게 된다).

뒤돌아 짧은뜨기

╳

01 뜨던 방향(왼쪽 방향)이 아닌 반대쪽(오른쪽 방향)으로 코바늘을 넣는다.

02 오른쪽 옆 코로 코바늘을 넣은 모습

03 실을 감는다.

04 감은 실을 코 위쪽으로 들어 올리면 코바늘 위에 2개의 줄이 생긴다.

05 실을 한 번 더 감는다.

06 감은 실을 2줄 사이로 한 번에 빼내면 뒤돌아 짧은뜨기 1코가 완성된다.

07 뒤돌아 짧은뜨기를 쭉 뜬 모습

🐾 짧은뜨기 이랑뜨기 1

×

짧은뜨기 이랑뜨기에서 기호의 아래쪽에 줄이 있을 경우

01 기호의 아래쪽에 줄이 있을 경우에는 사슬 모양의 2줄 중에서 바늘이 가리키는 뒤쪽 한 줄로만 코바늘을 넣는다.

02 뒤쪽 한 줄에만 코바늘을 넣은 모습

03 실을 감는다.

04 감은 실을 코 위쪽으로 들어 올리면 코바늘 위에 2개의 줄이 생긴다.

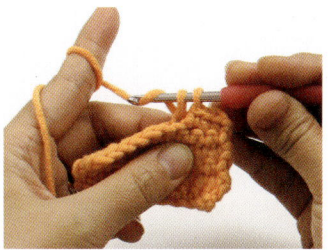

05 실을 한 번 더 감는다.

06 감은 실을 2줄 사이로 한 번에 빼내면 짧은뜨기 이랑뜨기가 완성된다.

07 기호의 아래쪽이 줄이 있는 짧은뜨기 이랑뜨기를 뜨면, 뜨고 있는 면을 볼 때 사진과 같이 줄이 남은 모양이 된다.

짧은뜨기 이랑뜨기 2

⊼

짧은뜨기 이랑뜨기에서 기호의 위쪽에 줄이 있을 경우

01 기호의 위쪽에 줄이 있을 경우에는 사슬 모양의 2줄 중에서 바늘이 가리키는 앞쪽 한 줄로만 코바늘을 넣는다.

02 앞쪽 한 줄에만 코바늘을 넣은 모습

03 실을 감는다.

04 감은 실을 코 위쪽으로 들어 올리면 코바늘 위에 2개의 줄이 생긴다.

05 실을 한 번 더 감는다.

06 감은 실을 2줄 사이로 한 번에 빼내면 짧은뜨기 이랑뜨기가 완성된다.

07 기호의 위쪽에 줄이 있는 짧은뜨기 이랑뜨기를 뜨면 사진과 같은 모양이 된다. 뜨고 있는 면에서는 아무 티가 나지 않는다.

08 반대쪽 면으로 돌려보면 사진과 같이 줄이 남은 모양을 확인할 수 있다.

🐾 사슬코

○

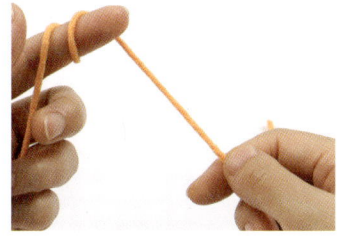

01 오른손으로 실꼬리 부분을 잡고 왼손 집게손가락에 한 번 감는다(손바닥에서 손등 방향으로 감아준다).

02 왼손의 엄지손가락과 가운뎃손가락으로 실꼬리 부분을 잡아준다.

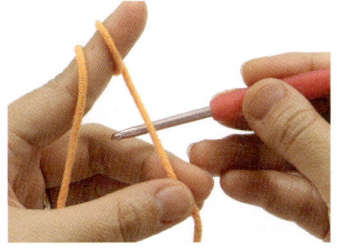

03 실의 뒤쪽에 코바늘을 놓는다.

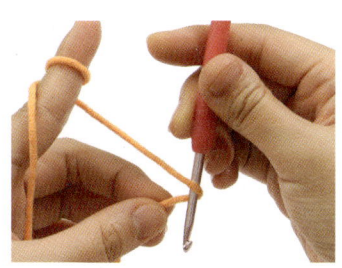

04 아래쪽으로 한 바퀴 감아 올린다.

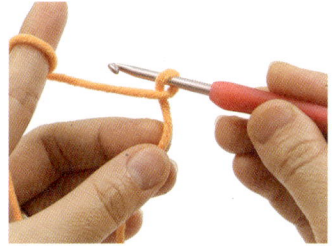

05 코바늘에 실이 한 번 감기면서 실이 교차하는 부분이 생긴다.

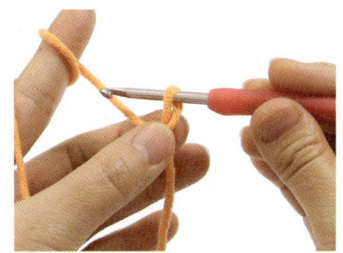

06 교차하는 부분이 풀리지 않게 왼손 엄지손가락과 가운뎃손가락으로 잡는다.

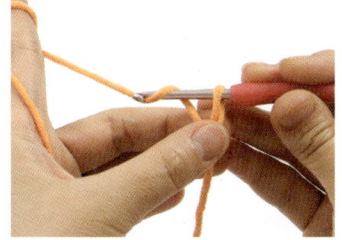

07 집게손가락에 걸린 실을 코바늘로 감는다.

TIP 코바늘을 집게손가락에 걸린 실과 손가락 사이의 공간으로 통과시킨 후 바깥쪽에서 실을 감는다.

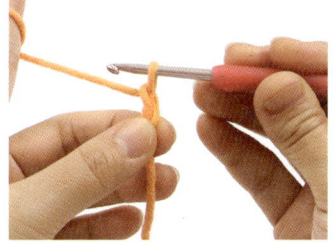

08 감은 실을 고리 안으로 빼낸다.

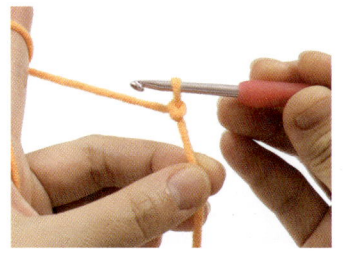

09 과정 02에서 잡고 있던 실꼬리 부분을 잡아당기면 매듭이 생긴다.

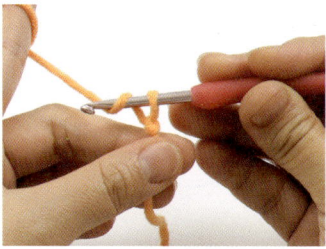

10 실을 한 번 더 감는다.

11 고리 안으로 빼내면 첫 번째 사슬코가 만들어진다.

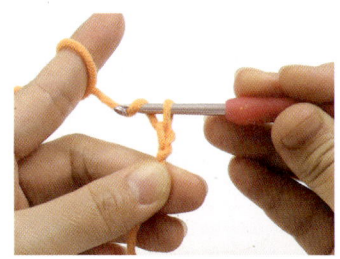

12 실을 한 번 더 감는다.

13 감은 실을 고리 안으로 빼내면 두 번째 사슬코가 만들어진다.

14 과정 12~13을 반복하여 원하는 개수만큼 사슬코를 만든다.

🐾 빼뜨기

01 떠야 할 코에 코바늘을 넣는다.

02 실을 감는다.

03 감은 줄을 빼내면서 위쪽으로 들어 올리면 코바늘 위에 2개의 줄이 생긴다.

04 2개의 줄 중에서 앞쪽 줄을 뒤쪽 줄 사이로 빼낸다.

05 빼뜨기 1코가 완성된 모습

🐾 평면뜨기

사슬코로 시작해서
짧은뜨기를 뜰 경우

01 원하는 개수만큼 사슬코를 만든다.

02 과정 01의 사슬코 반대편으로 방향을 돌리면 사진과 같이 볼록볼록한 모양의 코산이 보인다.

03 기둥코가 있을 경우 기둥코의 개수를 제외하고 다음 코산으로 코바늘을 넣으면 된다(사진의 경우 기둥코 한 코를 제외하고 두 번째 코산을 가리키고 있다).

04 코산으로 코바늘을 넣어준다.

05 코산으로 코바늘을 넣고 반대편을 보면 사슬 모양의 코 아래쪽으로 코바늘이 잘 들어간 것을 확인할 수 있다.

06 실을 감는다.

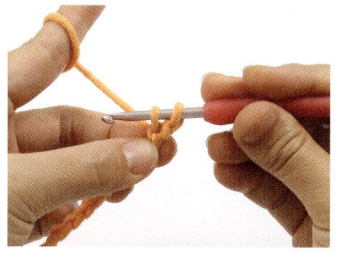

07 감은 실을 코산 위쪽으로 들어올리면 사진과 같이 코바늘 위에 2개의 줄이 생긴다.

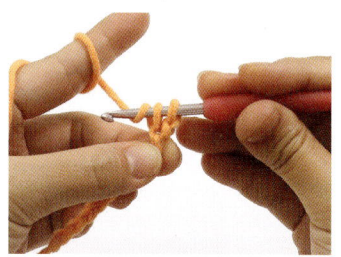

08 실을 한 번 더 감는다.

09 감은 실을 2줄 사이로 한 번에 빼내면 사슬코 위에 짧은뜨기 1코가 완성된다.

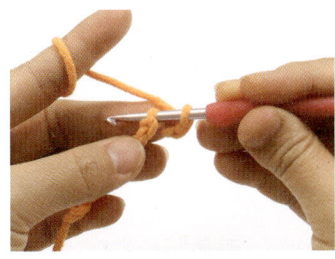

10 다음 코산에 코바늘을 넣는다.

11 실을 감는다.

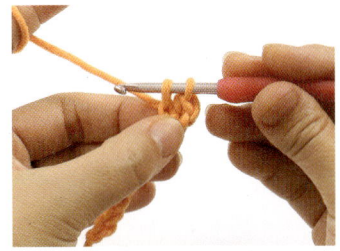

12 감은 실을 코산 위쪽으로 들어 올리면 사진과 같이 코바늘 위에 2개의 줄이 생긴다.

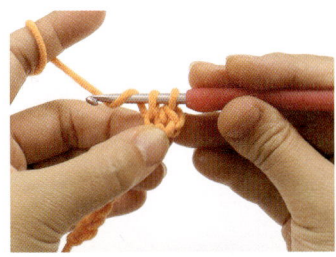

13 실을 한 번 더 감는다.

14 감은 실을 2줄 사이로 한 번에 빼내면 사슬코 위에 두 번째 짧은뜨기가 완성된다.

🐾 긴뜨기

T

01 코바늘로 집게손가락에 걸린 실을 한 번 감아준다.

02 떠야 할 코에 코바늘을 넣는다.

03 실을 감는다.

04 감은 실을 빼내면서 위쪽으로 들어 올리면 사진과 같이 코바늘 위에 3개의 줄이 생긴다.

05 실을 한 번 더 감는다.

06 감은 실을 3줄 사이로 한 번에 빼내면 긴뜨기 1코가 완성된다.

긴뜨기 3코 늘려뜨기

01 실을 감는다(긴뜨기 1코를 완성한 후 이어서 뜬다).

02 긴뜨기 과정 02와 같은 코에 코바늘을 넣는다.

03 실을 한 번 더 감는다.

04 감은 실을 빼내면서 위쪽으로 들어 올리면 사진과 같이 코바늘 위에 3개의 줄이 생긴다.

05 실을 한 번 더 감는다.

06 감은 실을 3줄 사이로 한 번에 빼내면 두 번째 긴뜨기가 만들어진다.

07 한 코에 2개의 긴뜨기가 떠진 모습

08 실을 감는다.

09 과정 02와 같은 코에 코바늘을 넣는다.

10 실을 한 번 더 감는다.

11 감은 실을 빼내면서 위쪽으로 들어 올리면 사진과 같이 코바늘 위에 3개의 줄이 생긴다.

12 실을 한 번 더 감는다.

13 감은 실을 3줄 사이로 한 번에 빼내면 세 번째 긴뜨기가 만들어진다.

14 같은 코에 긴뜨기 3번을 떠서 긴뜨기 3코 늘려뜨기가 완성된 모습

긴뜨기 2코 모아뜨기

01 코바늘로 집게손가락에 걸린 실을 한 번 감아준다.

02 떠야 할 코에 코바늘을 넣는다.

03 실을 한 번 더 감는다.

04 감은 실을 빼내면서 위쪽으로 들어 올리면 사진과 같이 코바늘 위에 3개의 줄이 생긴다.

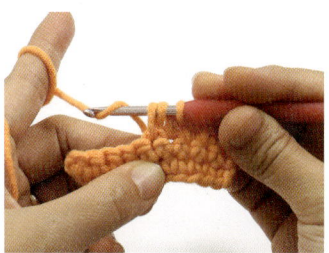

05 실을 한 번 더 감는다.

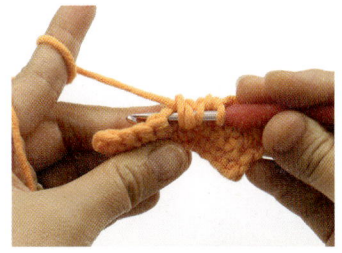

06 과정 02에서 코바늘을 넣었던 코의 다음 코(=왼쪽 옆 코)로 코바늘을 넣는다.

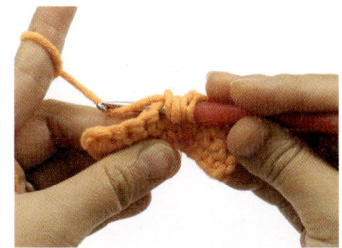

07 실을 감는다.

08 감은 실을 빼내면서 위쪽으로 들어올리면 사진과 같이 코바늘 위에 5개의 줄이 생긴다.

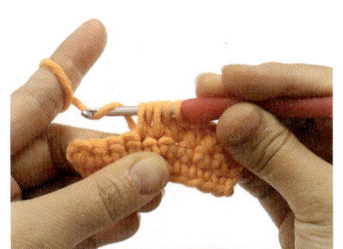

09 실을 한 번 더 감는다.

10 감은 실을 5줄 사이로 한 번에 빼내면 긴뜨기 2코 모아뜨기가 완성된다.

🐾 한길긴뜨기

†

01 코바늘로 집게손가락에 걸린 실을 한 번 감아준다.

02 떠야 할 코에 코바늘을 넣는다.

03 실을 감는다.

04 감은 실을 빼내면서 위쪽으로 들어 올리면 사진과 같이 코바늘 위에 3개의 줄이 생긴다.

05 실을 한 번 더 감는다.

06 감은 실을 3줄 중에서 앞의 2줄 사이로 빼내면 코바늘 위에 2개의 줄이 남는다.

07 실을 한 번 더 감는다.

08 감은 실을 남은 2줄 사이로 한 번에 빼내면, 한길긴뜨기 1코가 완성된다.

한길긴뜨기 2코 늘려뜨기

V

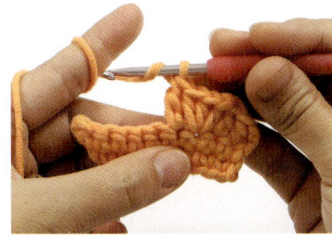

01 실을 감는다(한길긴뜨기 1코를 완성한 후 이어서 뜬다).

02 한길긴뜨기 과정 02와 같은 코에 코바늘을 넣는다.

03 실을 감는다.

04 감은 실을 빼내면서 위쪽으로 들어 올리면 사진과 같이 코바늘 위에 3개의 줄이 생긴다.

05 실을 한 번 더 감는다.

06 감은 실을 3줄 중에서 앞의 2줄 사이로 빼내면 코바늘 위에 2개의 줄이 남는다.

07 실을 한 번 더 감는다.

08 감은 실을 남은 2줄 사이로 한 번에 빼내면 두 번째 한길긴뜨기가 되면서 한길긴뜨기 2코 늘려뜨기가 완성된다.

한길긴뜨기 4코 늘려뜨기

01 같은 코(한 코)에 한길긴뜨기 과정 01~08을 4번 반복한다. 한길긴뜨기 4코 늘려뜨기가 완성된 모습

한길긴뜨기 5코 늘려뜨기

01 같은 코(한 코)에 한길긴뜨기 과정 01~08을 5번 반복한다. 한길긴뜨기 5코 늘려뜨기가 완성된 모습

한길긴뜨기 4코 구슬뜨기

01 코바늘로 집게손가락에 걸린 실을 한 번 감아준다.

02 떠야 할 코에 코바늘을 넣는다.

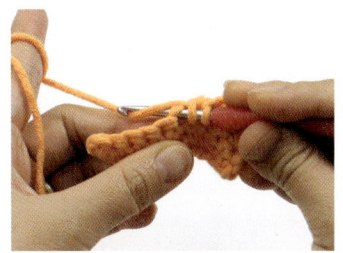

03 실을 감는다.

04 감은 실을 빼내면서 위쪽으로 들어 올리면 사진과 같이 코바늘 위에 3개의 줄이 생긴다.

05 실을 한 번 더 감는다.

06 감은 실을 3줄 중에서 앞의 2줄 사이로 빼내면 코바늘 위에 2개의 줄이 남는다(미완성 한길긴뜨기 상태로 둔다).

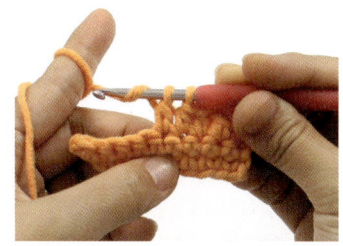

07 실을 감는다.

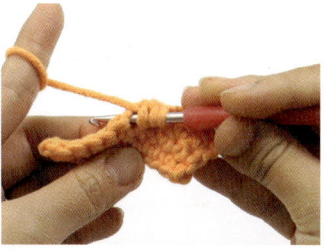

08 과정 02와 같은 코에 코바늘을 넣는다.

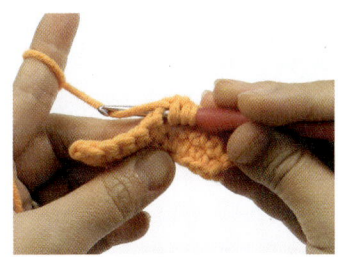

09 실을 감는다.

10 감은 실을 빼내면서 위쪽으로 들어 올리면 코바늘 위에 4개의 줄이 생긴다.

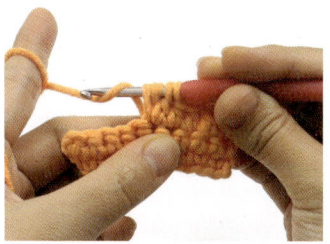

11 실을 감는다.

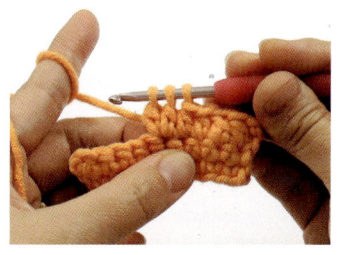

12 감은 실을 4줄 중에서 앞의 2줄 사이로만 빼내면 코바늘 위에 3개의 줄이 남는다(두 번째 미완성 한 길긴뜨기).

13 실을 감는다.

14 과정 02, 08과 같은 코에 코바늘을 넣는다.

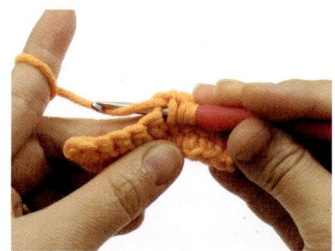

15 실을 감는다.

16 감은 실을 빼내면서 위쪽으로 들어 올리면 코바늘 위에 5개의 줄이 생긴다.

17 실을 감는다.

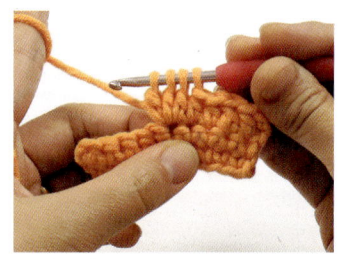

18 감은 실을 5줄 중에서 앞의 2줄 사이로만 빼내면 코바늘 위에 4개의 줄이 남는다(세 번째 미완성 한 길긴뜨기).

19 실을 감는다.

20 과정 02, 08, 14와 같은 코에 코바늘을 넣는다.

21 실을 감는다.

22 감은 실을 빼내면서 위쪽으로 들어 올리면 코바늘 위에 6개의 줄이 생긴다.

23 실을 감는다.

24 감은 실을 6줄 중에서 앞의 2줄 사이로만 빼내면 코바늘 위에 5개의 줄이 남는다(네 번째 미완성 한길긴뜨기).

25 실을 감는다.

26 감은 실을 남은 5줄 사이를 통과하여 빼내준다.

27 한길긴뜨기 4코 구슬뜨기가 완성된 모습

작품 만들기 난이도는 5개의 강아지 발바닥으로 표기했습니다.
- 완전 초보도 할 수 있는 난이도 1 - 🐾🐾🐾🐾🐾
- 완전 초보딱지를 뗐다면 다음 단계로, 난이도 2~3 - 🐾🐾🐾🐾🐾 / 🐾🐾🐾🐾🐾
- 디테일을 더 살려서, 난이도 4~5 - 🐾🐾🐾🐾🐾 / 🐾🐾🐾🐾🐾

Make toys for my dog

장난감 만들기

How to make

042 한복 머플러
044 호박전

명절

한복 머플러

명절이나 돌잔치 등에 이 머플러만 있으면 바로
예의와 귀여움을 동시에 장착할 수 있어요.
세뱃돈도 자동으로 따라올걸요?

난이도 🐾🐾

재료

실
- 아이돌킹 파란색, 흰색, 빨간색, 연두색, 보라색, 노란색, 핑크색
- 뽀글이 분홍색 실

도구

코바늘 7/0호
돗바늘
가위

POINT

- 사슬뜨기를 만들어 뜨기 시작합니다(26쪽 평면뜨기 참고).
- 2단에 한 번씩 실 색상을 바꾸면서 뜨세요.
- 끝까지 뜬 후에 한쪽 측면을 뽀글이 실로 떠주면 아주 따뜻해 보이는 머플러를 만들 수 있어요.
- 추운 계절이 아니라면 뽀글이 실로 뜨는 부분을 생략해도 좋아요.
- 사슬코의 개수와 단수를 늘리면 큰 사이즈도 만들 수 있어요. 콧수와 단수를 조절하여 딱 맞는 사이즈로 만들어보세요.
- 1단과 8단 사이에 사슬코를 만들어서 연결해 주면 끝부분을 편하게 끼워줄 수 있어요.

색 바꾸기

케이프 콧수 및 색상표

단수	콧수	증감코	색상
2~58	7		2단마다 색상 바꿈
1	7		

털 콧수 및 색상표

단수	콧수	증감코	색상
1	58		분홍색

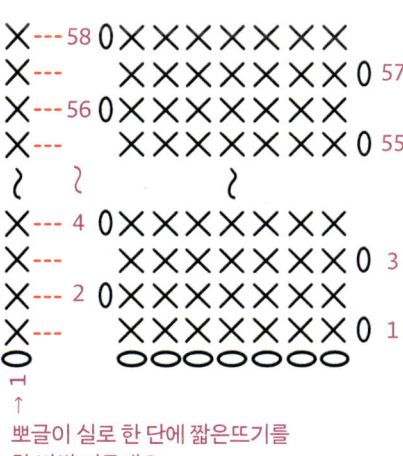

뽀글이 실로 한 단에 짧은뜨기를 한 번씩 떠주세요.

명절

호박전

명절 준비에 맛있는 전이 빠질 수 없죠? 귀여운 호박전을 부쳐볼까요?
빠르게 하나 만들어서 선물하기 좋고,
납작하고 가벼워서 물고 놀 때 아주 좋아할 거예요.

난이도

How to make

재료

실
° 아이돌 연노란색, 연두색
° 수놓기용 빨간색, 초록색

구름솜

도구

코바늘 5/0호
돗바늘
가위

POINT

° 원형코로 만들어 뜨기 시작합니다.

° 5단에서 색을 바꾸고 이랑뜨기로 뜹니다.

° 6단에서 다시 색을 바꾸고 이랑뜨기로 뜹니다.

° 마지막 단까지 뜬 후 솜을 넣고 오므려서 마무리합니다.

° 삑삑이를 넣을 경우 마지막 단 뜨기 전에 넣어주세요.

° 돗바늘에 빨간색, 초록색 실을 꿰어준 후 체인 스티치로 고추 고명 모양을 수놓아줍니다.

체인 스티치

남은 구멍 오므리기

색 바꾸기

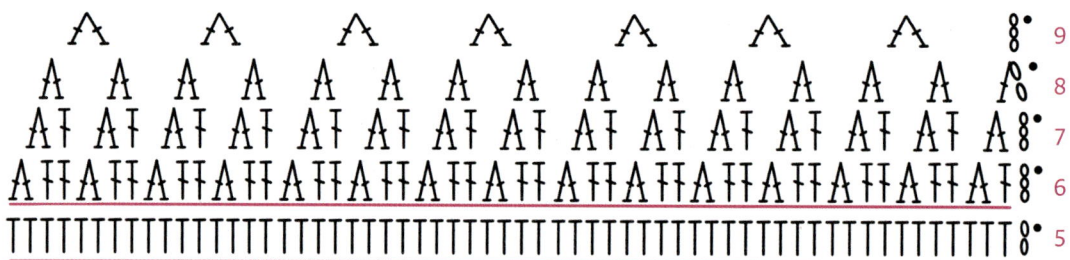

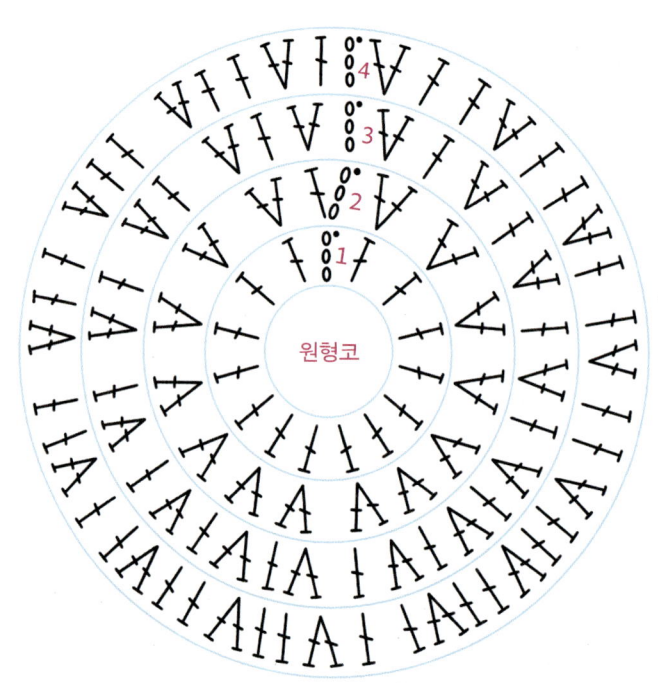

호박전 콧수 및 색상표

단수	콧수	증감코	색상
9	8	-7	
8	15	-15	연노란색
7	30	-15	
6	45	-15	
5	60		연두색
4	60	+15	
3	45	+15	연노란색
2	30	+15	
1	15		

How to make
- 050 문어
- 054 오징어
- 058 굴비

문어

납작하지만 치명적인 귀여움의 문어를 만들어보세요.
쭉 내민 입이 매우 귀여워요. 작은 간식도 숨길 수 있고요!

난이도 🐾🐾🐾🐾🐾

How to make

재료

실
- 아이돌킹 다홍색, 노란색, 검은색(눈 수놓기용)

구름솜

도구

코바늘 7/0호
돗바늘
가위

POINT

- 원형코로 뜨기 시작해서 다리를 4개 뜹니다. 3개는 뜬 후에 약 5cm 정도 실을 남기고 자르고 남은 1개는 실을 자르지 않고 그대로 둡니다.
- 다리 4개를 합치며 6단을 뜹니다. 다리에 솜을 조금씩 채워놓아요.
- 7단부터 도안대로 끝까지 뜨고 솜을 채워줍니다.
- 돗바늘로 오므려서 마무리합니다.
- 입은 문어의 8단 위에 동그랗게 꿰매주세요.

남은 구멍 오므리기

다리 합체

빼뜨기 후 마무리하기

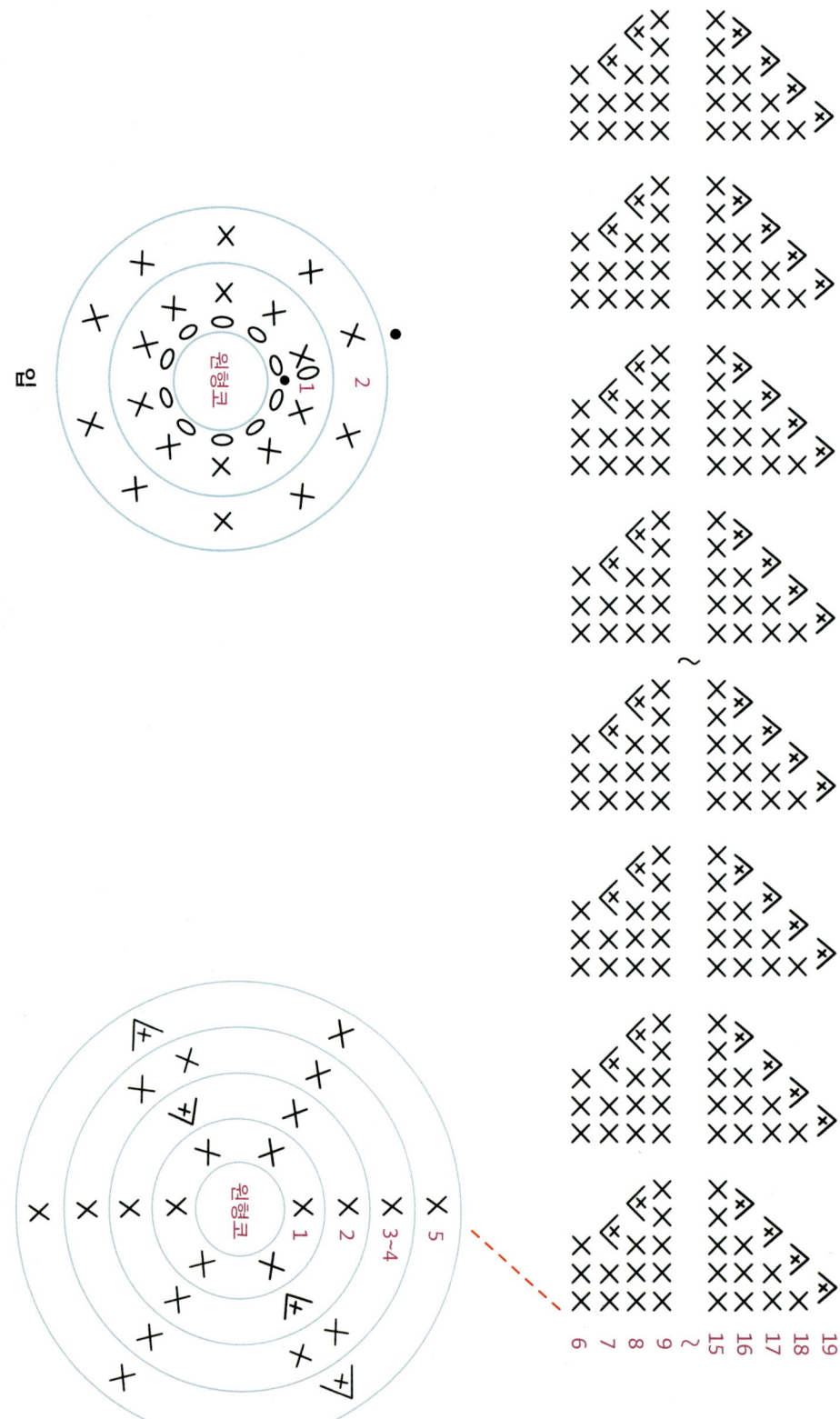

문어 콧수 및 색상표

단수	콧수	증감코	색상
19	8	-8	
18	16	-8	
17	24	-8	
16	32	-8	
9~15	40		
8	40	+8	다홍색
7	32	+8	
6	24	합체	
5	6	-2	
3~4	8		
2	8	+2	
1	6		

입 콧수 및 색상표

단수	콧수	증감코	색상
2	10		노란색
1	10		

생선가게

오징어

몸통과 분리되는 지느러미 부분에는 간식을 숨길 수 있어요.
몸통 아래 다리는 패브릭얀을 넣어서 편리하게 마무리할 수 있답니다.
다리를 뜯고 잡아당기면서 신나게 놀아요!

난이도 🐾🐾🐾🐾🐾

How to make

재료

실
- 아이돌킹 분홍색
- 패브릭얀 분홍색

구름솜

도구

코바늘 7/0호
돗바늘
가위

POINT

- 사슬뜨기를 만들어 몸통을 뜨기 시작합니다.
- 7단까지 뜨고 안쪽에서 매듭을 지은 끈을 코바늘 혹은 돗바늘로 끼워 넣어줍니다.
- 이어서 18단까지 뜨고 솜을 채워주세요(삑삑이를 넣을 경우 이때 넣어줍니다).
- 19단을 뜨고 돗바늘로 오므려서 마무리합니다.
- 지느러미는 원형코로 뜨기 시작해서 끝까지 뜹니다.
- 몸통 뒤쪽에 지느러미의 일부를 돗바늘로 꿰매서 고정해줍니다.

남은 구멍 오므리기

패브릭얀 넣기

빼뜨기 후 마무리하기

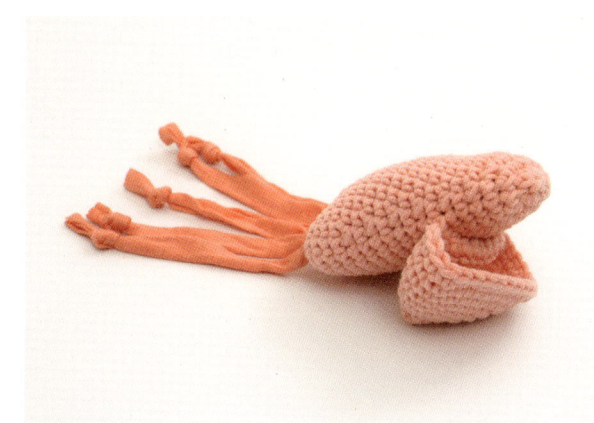

지느러미 콧수 및 색상표

단수	콧수	증감코	색상
9	30		
8	30	+6	
7	24		
6	24	+6	
5	18		분홍색
4	18	+6	
3	12	+6	
2	6	+2	
1	4		

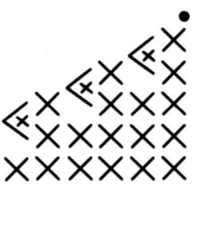

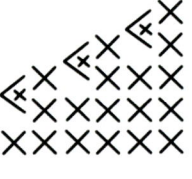

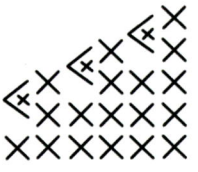

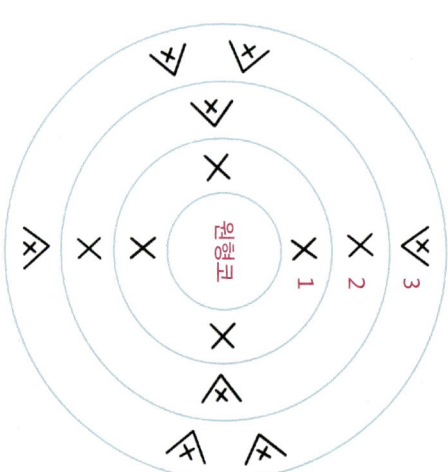

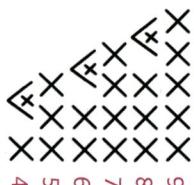

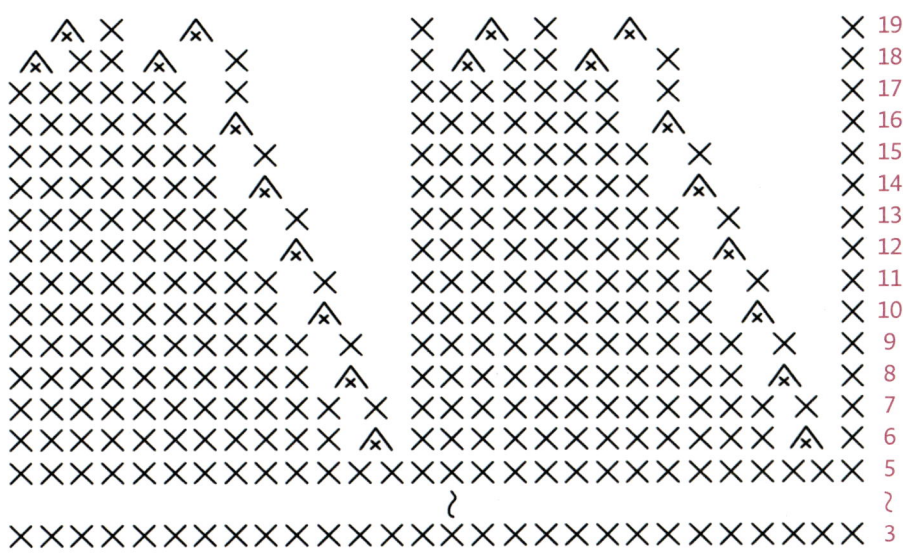

몸통 콧수 및 색상표

단수	콧수	증감코	색상
19	8	-4	
18	12	-4	
17	16		
16	16	-2	
15	18		
14	18	-2	
13	20		
12	20	-2	
11	22		분홍색
10	22	-2	
9	24		
8	24	-2	
7	26		
6	26	-2	
3~5	28		
2	28	+6	
1	22		

생선가게

굴비

단순하게 반복되는 기법만으로 귀여운 굴비를 만들 수 있어요.
다양한 표정을 수놓아보세요. 납작한 몸통 부분에 삑삑이를 넣으면
굴비 뜯는 맛에 중독된 아이의 행복한 표정을 볼 수 있을 거예요.

난이도 🐾🐾🐾🐾🐾🐾

How to make

재료

실
- 아이돌 연회색, 베이지색, 연노란색, 검은색(눈 수놓기용)

구름솜

도구
코바늘 5/0호
돗바늘
가위

POINT

- 연회색 실로 사슬뜨기를 만들어 뜨기 시작해서 5단까지 뜹니다(26쪽 평면뜨기 참고).
- 6단에서 베이지색으로 실을 바꿔서 7단까지 뜹니다.
- 8단에서 연노란색으로 실을 바꿔서 10단까지 뜹니다.
- 11단에서 베이지색으로 실을 바꿔서 12단까지 뜹니다. 다 뜨고 난 후 약 50cm 정도 실을 남기고 자릅니다.
- 남긴 실을 돗바늘에 꿰고 1단과 마지막 단을 감침질로 꿰맨 후 한쪽은 오므려서 마무리합니다.
- 오므려지지 않은 반대쪽에서 솜을 납작하게 채운 후(삑삑이를 넣을 경우 이때 넣어줍니다) 새실(연회색실)을 갖고 와서 꼬리를 뜹니다.
- 실을 조금 남기고 자른 후에 꼬리 끝부분을 반으로 접어서 감침질로 꿰맵니다.
- 검은색 실을 돗바늘에 꿰어 다양한 표정으로 눈을 수놓아주세요.

남은 구멍 오므리기 색 바꾸기

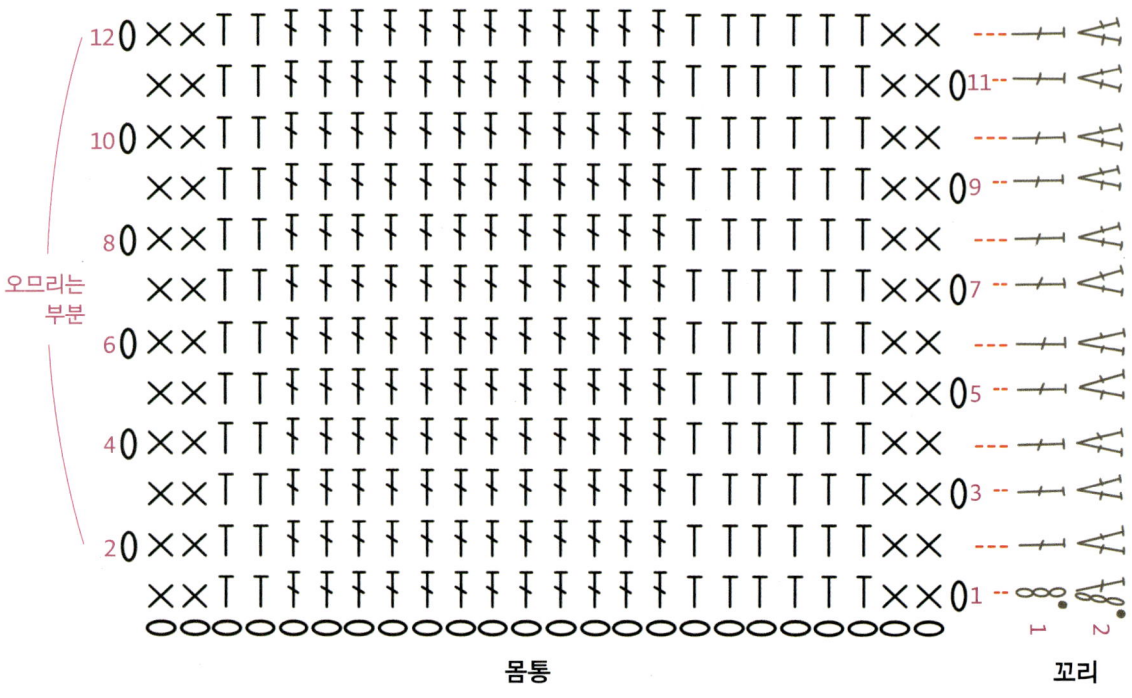

몸통 콧수 및 색상표

단수	콧수	증감코	색상
11~12	24		베이지색
8~10	24		연노란색
6~7	24		베이지색
2~5	24		연회색
1	24		

꼬리 콧수 및 색상표

단수	콧수	증감코	색상
2	24	+12	연회색
1	12		

진파란색, 파란색, 연회색으로 등푸른생선도 뜰 수 있어요.
색을 바꿔서 다양한 생선을 만들어보세요.

채소가게

How to make

- 064 당근
- 068 배추
- 072 양파
- 078 옥수수
- 084 표고버섯
- 090 무
- 094 고구마
- 100 감자
- 104 마늘

채소가게

당근

뜨는 방법은 매우 단순해요.
그 단순함에 패브릭얀을 더하면 씹고 당기고, 달리는 재미가 더해질 거예요.
강아지뿐 아니라 고양이들도 재미있어서 기절할 거라고요!

난이도 🐾🐾

How to make

재료

실
- 손 염색실 주황색, 갈색
- 패브릭얀 초록색

구름솜

도구
코바늘 5/0호
돗바늘
가위

POINT

- 원형코로 시작해서 31단까지 뜹니다.
- 솜을 채웁니다(삑삑이를 넣을 경우 이때 넣어줍니다).
- 초록색 계열의 패브릭얀을 여러 줄 잘라서 한 번에 묶어서 매듭을 만듭니다.
- 31단까지 뜨고 남은 구멍 사이로 패브릭얀을 묶어서 만든 매듭을 넣어줍니다.
- 마지막 단을 뜬 후 오므려서 마무리합니다.
- 사진에서 보이는 당근은 실제 당근과 흡사한 색상의 손 염색실을 사용했습니다. 비슷한 컬러의 손 염색실을 사용해도 좋지만 갖고 있는 실을 합쳐서 뜨는 방법도 좋습니다. 예를 들어 조금 연한 주황색과 진한 주황색의 조합, 주황색과 갈색의 조합도 좋아요. 당근의 생생한 컬러를 직접 만들어보세요!

패브릭얀 넣고 오므리기

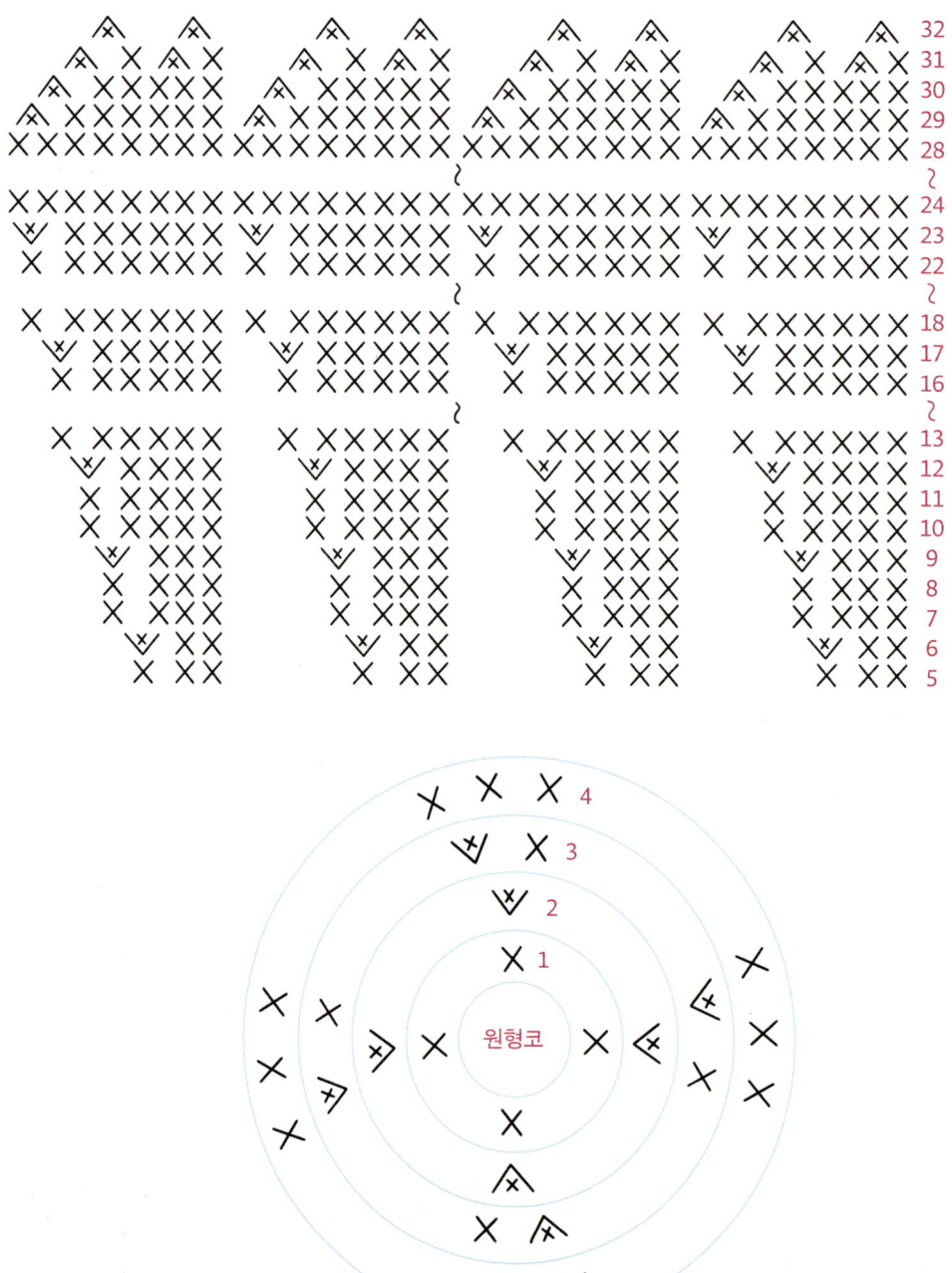

콧수 및 색상표

단수	콧수	증감코	색상
32	8	-8	
31	16	-8	
30	24	-4	
29	28	-4	
24~28	32		
23	32	+4	
18~22	28		
17	28	+4	주황색 혹은 갈색
13~16	24		
12	24	+4	
10~11	20		
9	20	+4	
7~8	16		
6	16	+4	
4~5	12		
3	12	+4	
2	8	+4	
1	4		

채소가게

배추

떠야 할 부분이 다른 장난감에 비해 조금 많지만,
뜨고 나면 간식 숨길 부분이 많아서
아이가 정말 좋아하는 장난감이 될 거예요.

난이도 🐾🐾🐾🐾🐾

How to make

재료

실
- 아이돌킹 흰색, 베이지색, 연두색, 풀색

구름솜

도구

코바늘 7/0호
돗바늘
가위

POINT

- 중간 배추 부분은 원형코로 뜨기 시작해서 18단까지 뜹니다. 여기서 솜을 미리 채워줍니다(색 바뀌는 단과 이랑뜨기가 있는 단을 유의하여 떠주세요. 모두 아래쪽 줄이 있는 이랑뜨기입니다).
- 19단부터 마지막 단까지 모두 도안대로 뜨되 이랑뜨기가 있으니 잊지 말고 떠주세요.
- 솜을 마저 채우고 오므려서 마무리해줍니다.
- 19~21단까지 이랑뜨기를 뜨고 남은 줄에 풀색 실을 가져와서 도안대로 떠줍니다.
- 배춧잎은 사슬뜨기를 만들어 뜨기 시작합니다. 2단까지는 흰색 실로 뜨고 남은 실은 돗바늘로 정리해주세요.
- 연두색이나 풀색 실을 새로 가져와서 도안에 표시된 부분부터 도안대로 떠줍니다. 4장을 동일하게 떠서 중간 배추 부분에 아래쪽만 꿰매주면 완성!
- 주황색과 빨간색 실로도 배춧잎을 떠보세요. 재미있는 김장 놀이도 할 수 있어요.

색 바꾸기

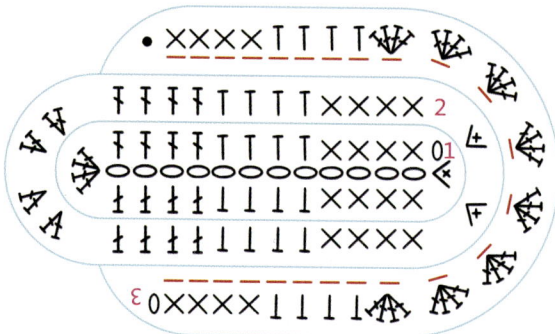

배추잎 콧수 및 색상표

단수	콧수	증감코	색상
3	48		연두색 혹은 풀색
2	36	+6	흰색
1	30		

중간 배추

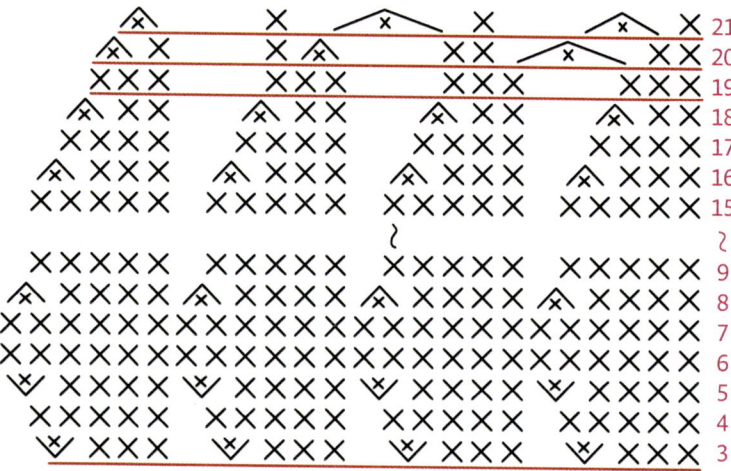

중간 배추 콧수 및 색상표

단수	콧수	증감코	색상
21	6	-3	흰색
20	9	-3	
19	12		
18	12	-4	
17	16		
16	16	-4	
9~15	20		
8	20	-4	
6~7	24		
5	24	+4	
4	20		
3	20	+4	
2	16	+8	베이지색
1	8		흰색

중간 배추 위쪽

중간 배추 위쪽 콧수 및 색상표

단수	콧수	증감코	색상
2	55	+22	연두색 혹은 풀색
1	33		

채소가게

양파

양파는 껍질을 쏙 벗겨낼 수 있고, 필요 없는 양파
싹도 잡아당기며 놀 수 있어서 쓸모 있게 변신해요.
동그란 양파, 반을 자른 양파, 껍질을 벗길 수 있는 양파까지
다양한 형태로 만들어보세요. 적양파도 얼마나 귀엽게요?

난이도 🐾🐾🐾

How to make

재료

실
- 아이돌 흰색, 오렌지색
- 베이지색 실(뿌리 부분)
- 올리브2 적색(적양파)
- 연두색 끈

구름솜

도구
코바늘 5/0호
돗바늘
가위

POINT

° 원형코로 뜨기 시작하되 오므리기 전 연두색 실을 끼우고 오므려줍니다.

° 도안대로 21단까지 뜨고 솜을 채워주세요. 베이지색 실 12~15줄 정도를 한 번에 묶어서 구멍에 끼워줍니다.

° 마지막 단까지 뜨고 돗바늘로 오므려서 마무리합니다.

° 반으로 자른 양파를 뜰 경우 흰색 실로 도안대로 뜨고 난 후 오므려서 마무리합니다. 양파 껍질 색을 돗바늘에 꿰어서 1~2단 사이, 2~3단 사이, 3~4단 사이, 4~5단 사이를 박음질해서 양파의 무늬를 수놓아줍니다.

° 양파 껍질은 도안대로 마지막 단까지 뜨고 빼뜨기를 해서 마무리합니다.

빼뜨기 마무리 방법
영상 1분 30초부터

실 넣고 오므리기

남은 구멍 오므리기

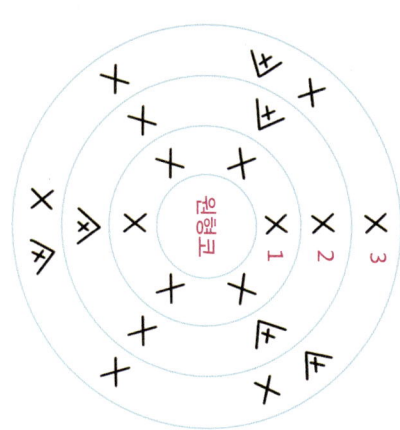

양파 콧수 및 색상표

단수	콧수	증감코	색상
22	6	-6	
21	12	-6	
20	18	-6	
19	24	-6	
18	30	-6	
17	36	-6	
16	42	-6	
10~15	48		오렌지색 혹은 적색
9	48	+6	
8	42	+6	
7	36	+6	
6	30	+6	
5	24	+6	
4	18	+6	
3	12	+3	
2	9	+3	
1	6		

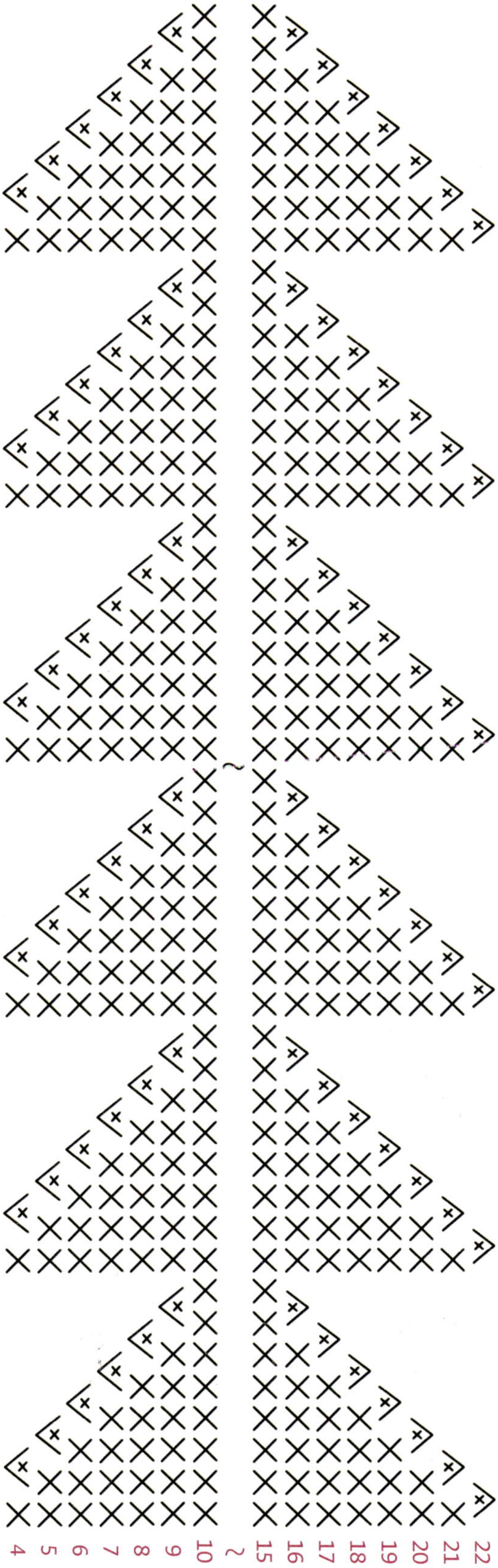

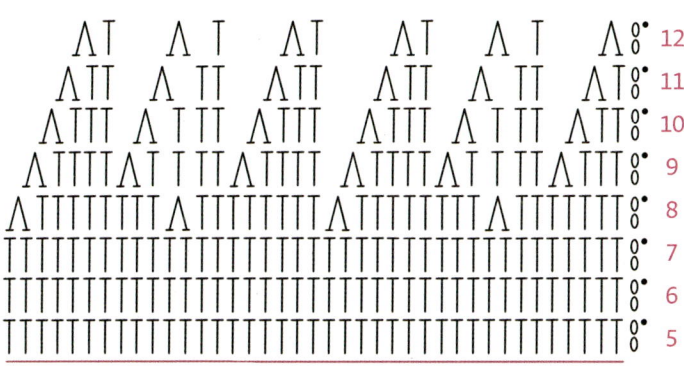

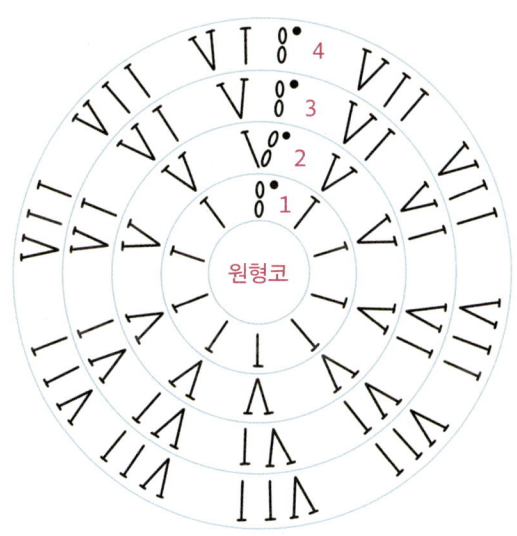

반으로 자른 양파 콧수 및 색상표

단수	콧수	증감코	색상
12	12	-6	
11	18	-6	
10	24	-6	
9	30	-6	
8	36	-4	흰색
5~7	40		
4	40	+10	
3	30	+10	
2	20	+10	
1	10		

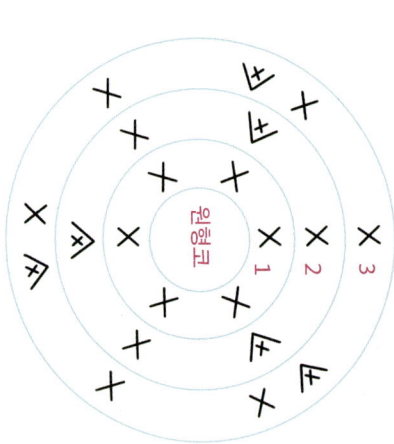

양파 껍질 콧수 및 색상표

단수	콧수	증감코	색상
17	42		
16	42	-6	
10~15	48		
9	48	+6	
8	42	+6	
7	36	+6	오렌지색 혹은 적색
6	30	+6	
5	24	+6	
4	18	+6	
3	12	+3	
2	9	+3	
1	6		

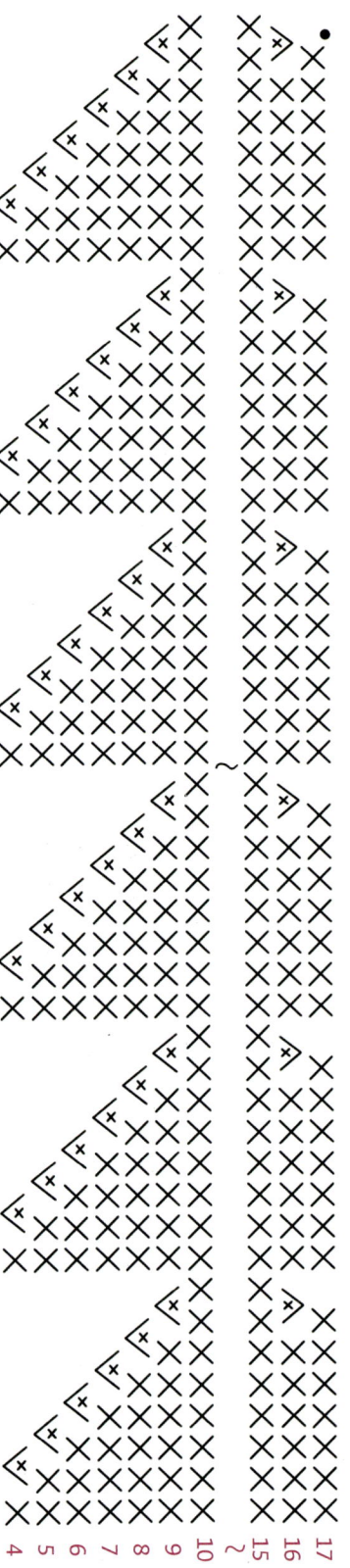

채소가게

옥수수

한길긴뜨기 4코 구슬뜨기만 반복해주면
볼록볼록 귀여운 옥수수알을 만들 수 있어요.
조금만 변형하면 자른 모양을 만들 수 있어서
작은 친구들 입에 쏙 들어가는 귀여운 사이즈의 장난감이 된답니다.
껍질을 떠서 사이사이에 간식을 숨겨주세요.

난이도 🐾🐾🐾

How to make

재료

실
- 아이돌킹 베이지색, 노란색, 연두색
- 라라뜨개 보카시 실

구름솜

도구

코바늘 6/0호
돗바늘
가위

POINT

- 6/0호 바늘로 원형코로 뜨기 시작해서 3단까지 뜹니다. 2단부터 3단은 이랑뜨기로 떠주세요.

- 4단부터 노란색으로 색을 바꿔준 후 한길긴뜨기 4코 구슬뜨기와 긴뜨기를 한 번씩 떠서 옥수수알을 만들어줍니다.

- 15단은 한길긴뜨기 4코 구슬뜨기를 뜨고 아래쪽 긴뜨기했던 코는 건너뛰고 다시 한길긴뜨기 4코 구슬뜨기 뜨는 것을 반복해서 떠줍니다.

- 16단까지 뜬 후에 솜을 채워줍니다. 17단에서 베이지색으로 색을 바꿔준 후 마지막 단까지 뜬 후 솜을 더 채우고 돗바늘로 오므려서 마무리합니다.

- 껍질은 사슬뜨기로 만들어서 뜨기 시작합니다. 2장은 작은 사이즈, 1장은 큰 사이즈로 뜬 후에 아래쪽은 돗바늘로 꿰매줬어요.

- 자른 옥수수도 뜨는 방법은 크게 다르지 않아서 도안대로 뜨면 금세 완성할 수 있어요(마지막 단까지 뜨고 오므려서 마무리합니다).

남은 구멍 오므리기

색 바꾸기

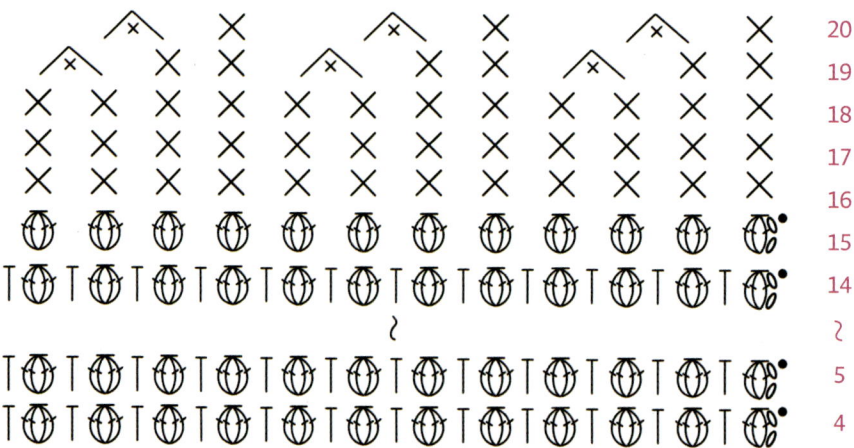

짧은뜨기
이랑뜨기1

옥수수 콧수 및 색상표

단수	콧수	증감코	색상
20	6	-3	베이지색
19	9	-3	
17~18	12		
16	12		
15	12	-12	노란색
5~14	24		
4	24		
3	24	+8	베이지색
2	16	+8	
1	8		

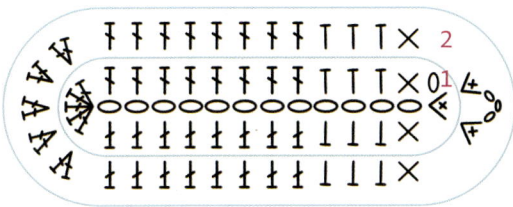

옥수수 잎_1 콧수 및 색상표

단수	콧수	증감코	색상
2	41	+10	연두색
1	31		

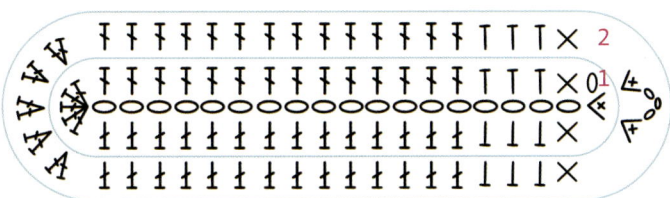

옥수수 잎_2 콧수 및 색상표

단수	콧수	증감코	색상
2	53	+10	연두색
1	43		

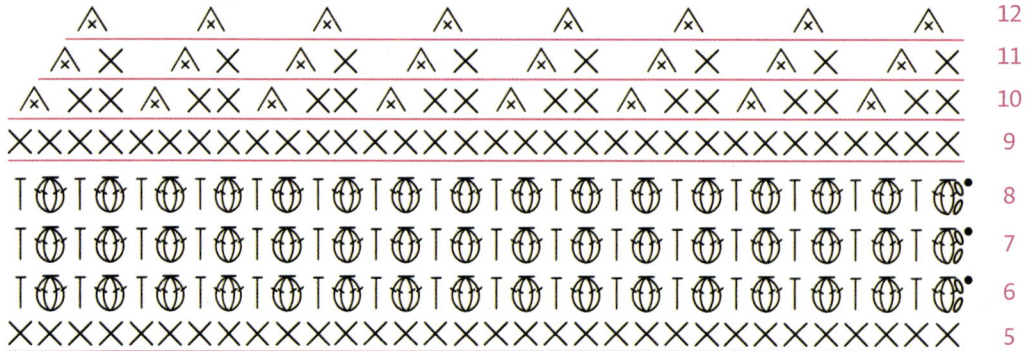

원형코

자른 옥수수 콧수 및 색상표

단수	콧수	증감코	색상
12	8	-8	베이지색
11	16	-8	
10	24	-8	
9	32		노란색 (보카시 실)
6~8	32		
5	32		
4	32	+8	베이지색
3	24	+8	
2	16	+8	
1	8		

짧은뜨기
이랑뜨기1

채소가게

표고버섯

버섯은 모양 그대로도 정말 귀엽지만
갓 부분에 간식을 숨길 수 있어서 더 유용해요.
버섯 줄기 부분에 삑삑이를 넣으면 재미도 두 배!

난이도 🐾🐾🐾🐾🐾

How to make

재료

실
° 아바타 아이보리색, 갈색

구름솜

도구

코바늘 5/0호
돗바늘
가위

POINT

° 원형코로 뜨기 시작해서 31단까지 뜨고 솜을 채웁니다(중간에 이랑뜨기를 잊지 마세요! 16단은 위쪽 줄 이랑뜨기, 22단은 아래쪽 줄 이랑뜨기입니다). 빽빽이가 필요하다면 솜을 약간 채운 후에 줄기(기둥) 부분에 넣어주세요.

° 끝까지 뜨고 솜을 마저 채운 후 오므려서 마무리합니다.

° 이랑뜨기로 만들었던 22단에 갈색 실을 가져와서 뜨기 시작합니다. 6단까지는 원형으로 도안대로 쭉 떠주고, 7단부터는 세모 모양을 각각 떠서 4파트로 나눠줍니다.

남은 구멍
오므리기

짧은뜨기
이랑뜨기1
⨯

짧은뜨기
이랑뜨기2
⨱

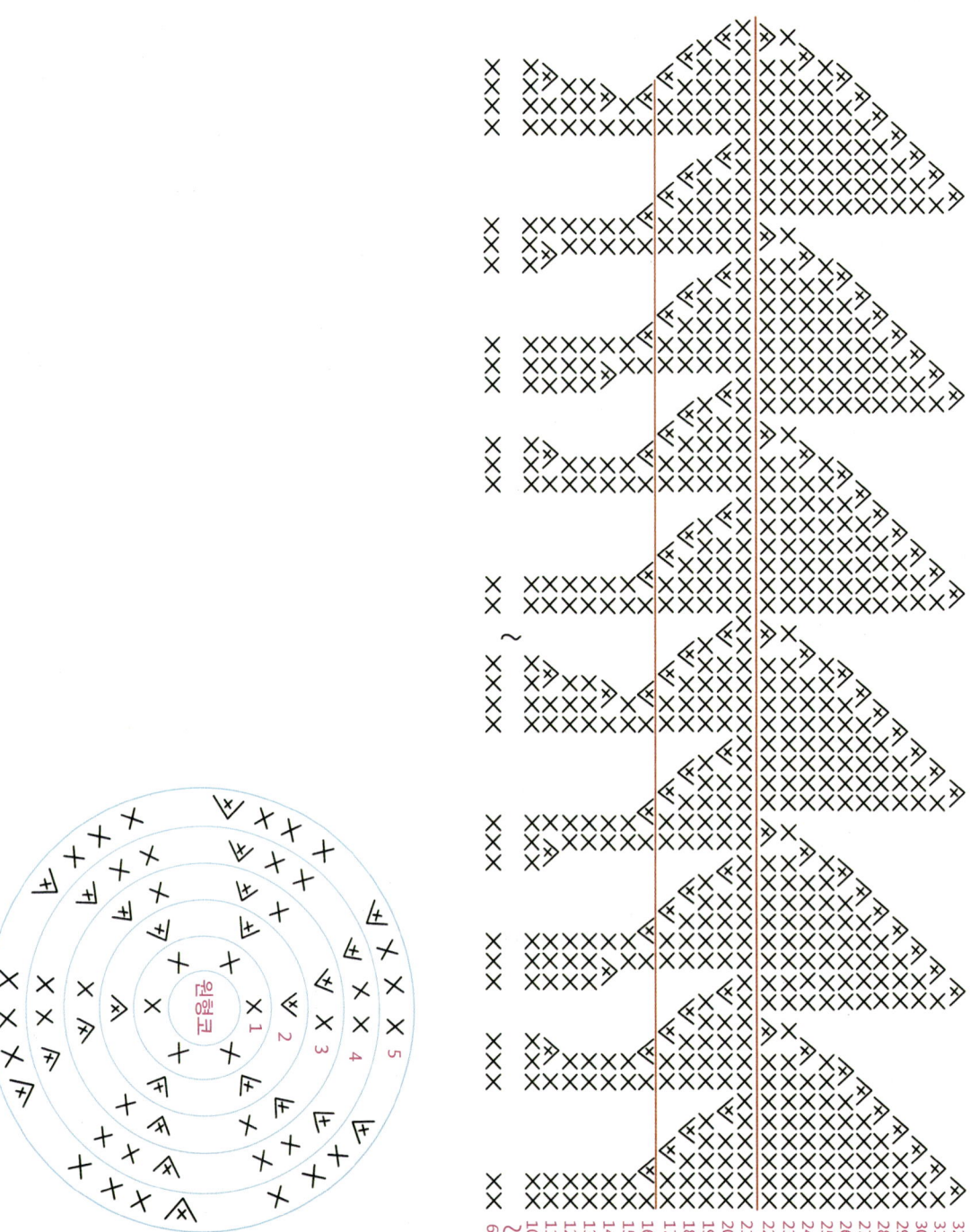

버섯 기둥 콧수 및 색상표

단수	콧수	증감코	색상
32	6	-6	
31	12	-6	
30	18	-6	
29	24	-6	
28	30	-6	
27	36	-6	
26	42	-6	
25	48		
24	48	-6	
23	54		
22	54	-6	
21	60		
20	60	+10	
19	50		아이보리색
18	50	+10	
17	40	+10	
16	30	+10	
15	20		
14	20	-4	
12~13	24		
11	24	-6	
6~10	30		
5	30	+6	
4	24	+6	
3	18	+6	
2	12	+6	
1	6		

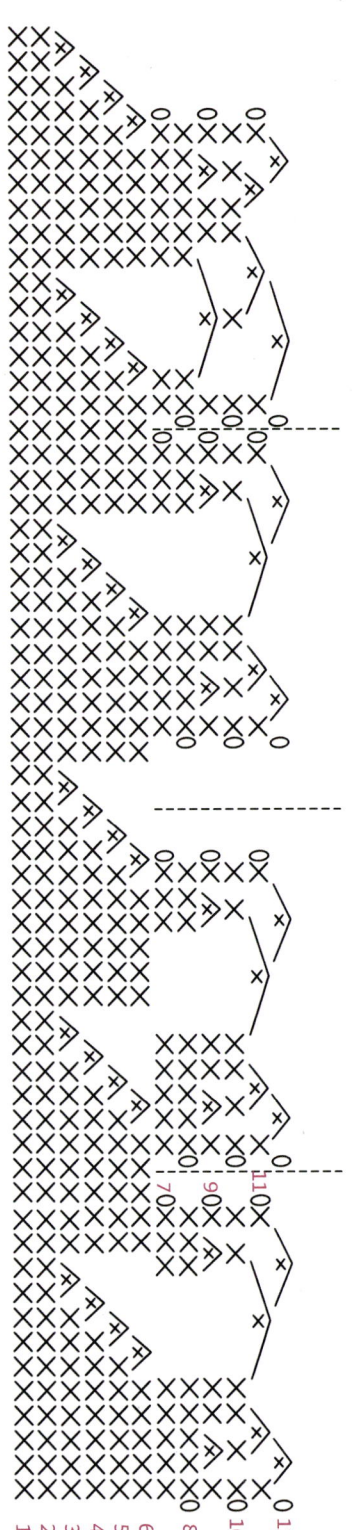

버섯 갓 콧수 및 색상표

단수	콧수	증감코	색상
12	2	-2	
11	4	-2	
10	6		
9	6	-2	
8	8		갈색
7	8		
6	36	-6	
5	42	-6	
4	48	-6	
3	54	-6	
2	60		
1	60		

채소가게

무

색상 바뀌는 부분만 신경 써서 뜨면 어렵지 않게 만들 수 있어요.
초록색 패브릭얀의 길이를 각각 다르게 해주면
무청이 주렁주렁 달린 리얼한 무 완성!

난이도

How to make

재료

실
- 아이돌 아이보리색, 연노란색, 연두색
- 초록색 패브릭얀

구름솜

도구

코바늘 5/0호
돗바늘
가위

POINT

° 원형코로 뜨기 시작합니다. 색상이 바뀌는 곳을 확인하며 뜹니다. 색을 바꿀 때 이전 색상은 감싸며 떠주세요.

° 31단까지 뜨고 솜을 채운 후 한 번에 매듭을 지은 초록색 패브릭얀을 넣어줍니다.

° 마지막 단까지 뜨고 돗바늘로 오므려서 마무리합니다.

패브릭얀 넣고 마무리하기

색 바꾸기

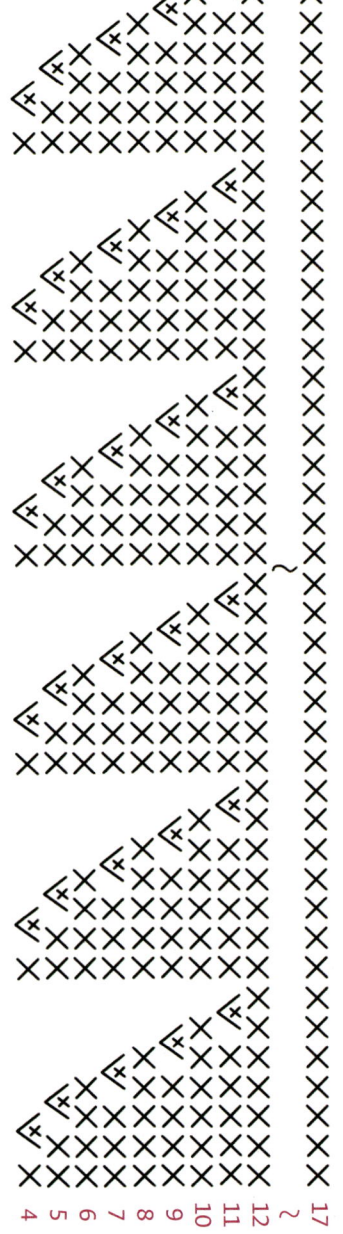

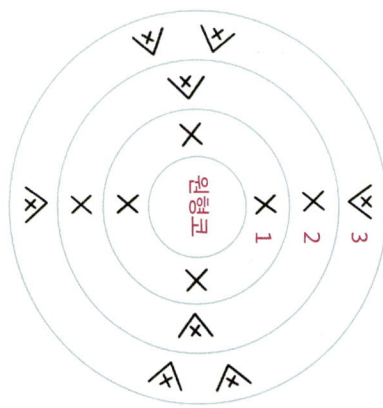

콧수 및 색상표

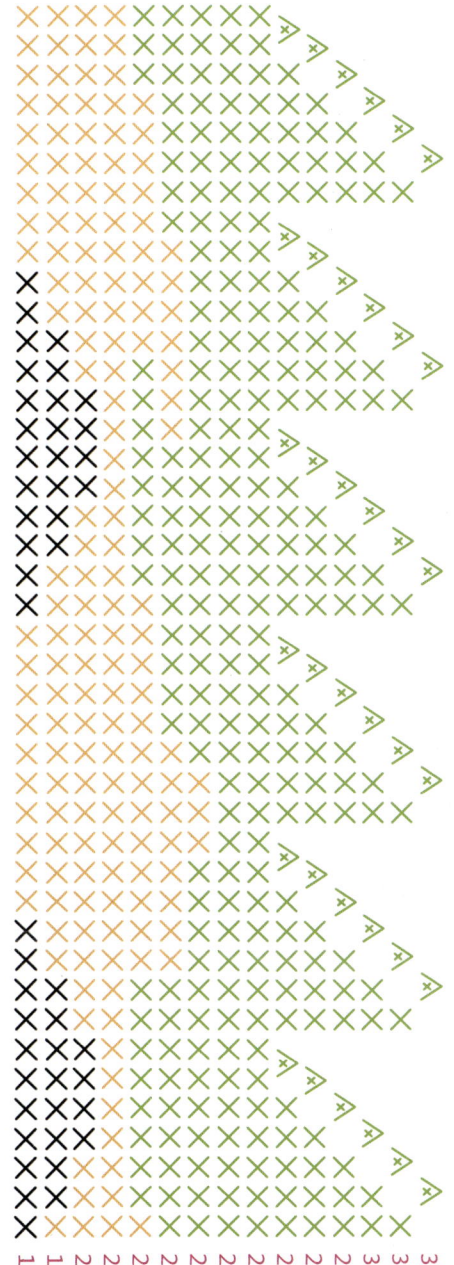

단수	콧수	증감코	색상
32	6	-6	
31	12	-6	
30	18	-6	
29	24	-6	
28	30	-6	
27	36	-6	
12~26	42	/	
11	42	+6	흰색
10	36	/	연노란색
9	36	+6	연두색
8	30	/	
7	30	+6	
6	24	/	
5	24	+6	
4	18	+6	
3	12	+6	
2	6	+2	
1	4		

채소가게

고구마

간식으로 정말 좋아하는 고구마, 하지만 많이 먹으면 살찌니 조심!
껍질을 쏘옥 벗겨낼 수 있는 고구마는 정말 귀여워서 대량생산하게 될 거예요.
껍질 안쪽에 간식을 숨겨놓으면 스스로 껍질을 쏙 벗겨내는데,
그 모습이 너무 귀여워서 '꺄!' 소리 지르게 돼요.

난이도 🐾🐾🐾🐾🐾

재료

실
° 올리브2 갈색, 노란색

구름솜

도구

코바늘 5/0호
돗바늘
가위

POINT

° 갈색 실로 원형코로 뜨기 시작해서 17단까지 뜨고 실을 정리해줍니다(15단의 이랑뜨기를 잊지 마세요).

° 노란색 실을 가져와서 껍질 부분의 15단 이랑뜨기를 떠서 생긴 줄에 걸어서 뜹니다. 이어서 마지막 단 전까지 떠주세요(삑삑이를 넣을 경우 이때 넣어줍니다). 솜을 채워준 후 마지막 단을 이어서 뜨세요.

° 돗바늘로 오므려서 마무리합니다.

° 갈색 실로 원형코로 껍질을 뜨기 시작해서 17단까지 뜬 후에 약 20cm 정도 실을 남기고 자릅니다.

° 돗바늘에 실을 꿰어 껍질과 껍질을 8코만 감침질로 꿰맨 후 실을 정리해서 마무리합니다.

남은 구멍
오므리기

빼뜨기 후
마무리하기
(17단)

이랑뜨기 라인에
연결해서 뜨기
(18단)

4
5
6
7
8
9
10
11
12
13
14
15
16
17

원형코
1
2
3

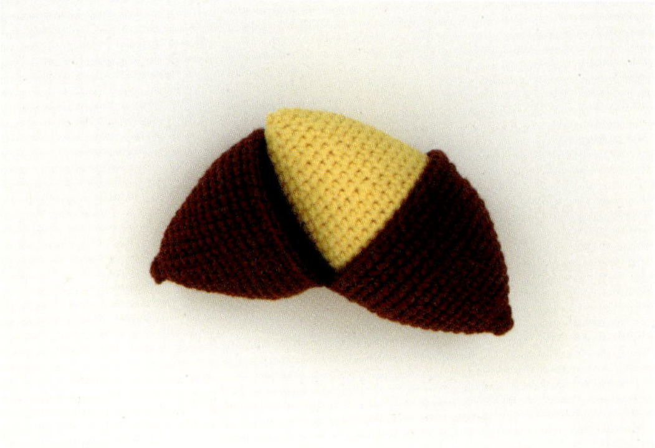

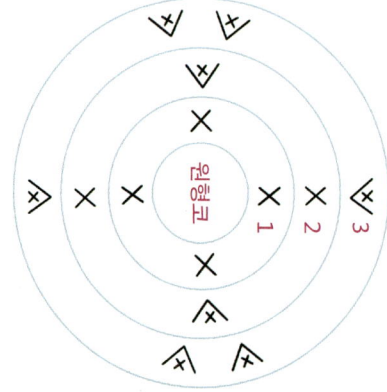

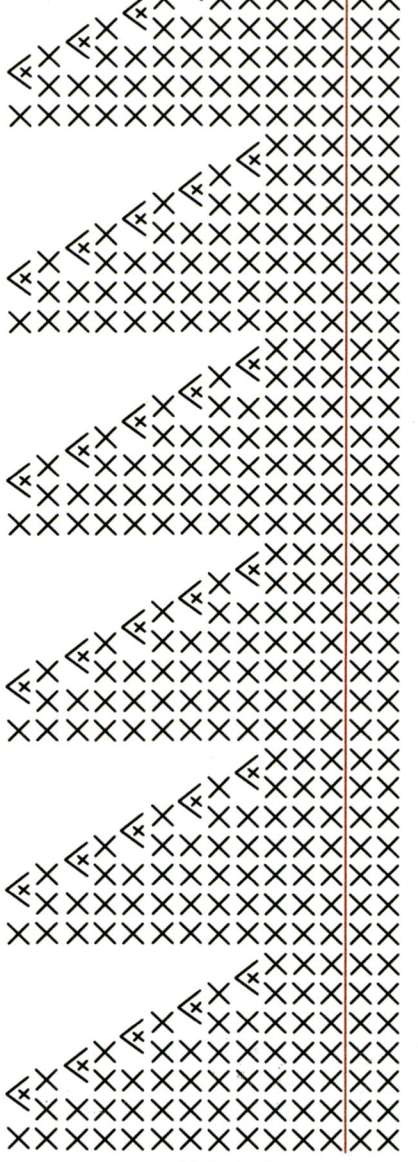

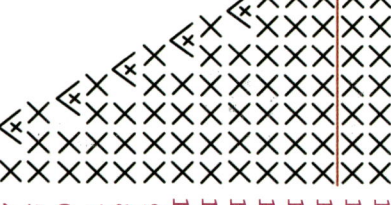

고구마 콧수 및 색상표

단수	콧수	증감코	색상
34	6	-6	
33	12		
32	12	-6	
31	18		
30	18	-6	
28~29	24		노란색
27	24	-6	
24~26	30		
23	30	-6	
19~22	36		
18	36	-6	
13~17	42		
12	42	+6	
11	36		
10	36	+6	
9	30		
8	30	+6	
7	24		갈색
6	24	+6	
5	18		
4	18	+6	
3	12	+6	
2	6	+2	
1	4		

고구마 껍질 콧수 및 색상표

단수	콧수	증감코	색상
13~17	42		
12	42	+6	
11	36		
10	36	+6	
9	30		
8	30	+6	
7	24		갈색
6	24	+6	
5	18		
4	18	+6	
3	12	+6	
2	6	+2	
1	4		

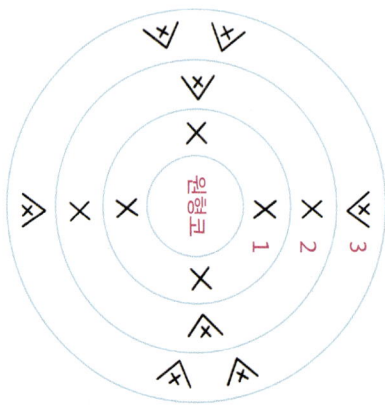

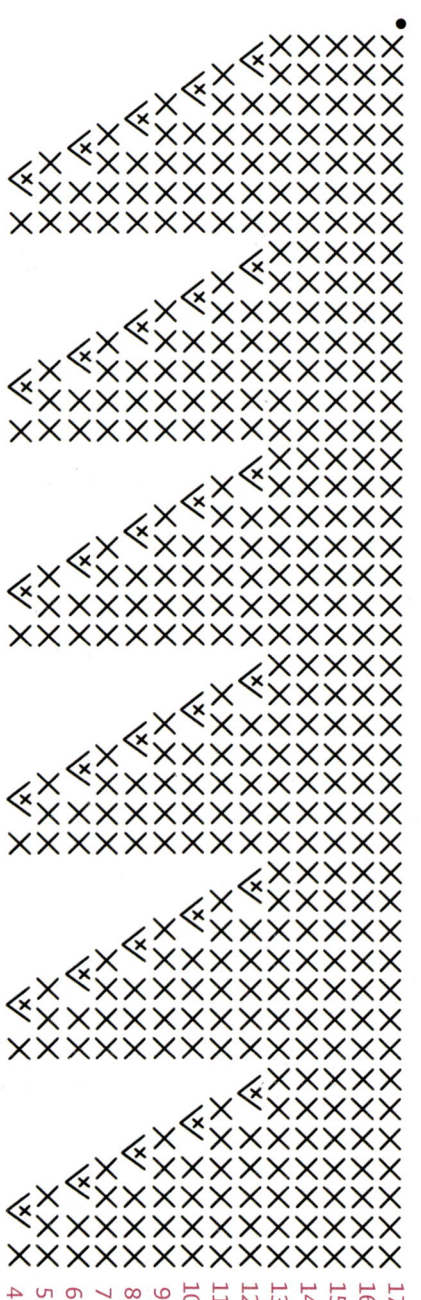

채소가게

감자

똑같은 도안으로 만들어도 다양한 모양의 감자를 만들 수 있어요.
솜을 채운 후에 군데군데 쑥! 쑥! 들어간
멋쟁이 감자의 모양을 개성 있게 표현해보세요.

난이도 🐾🐾🐾🐾🐾🐾

How to make

재료
실
° 아이돌 황토색

구름솜

도구
코바늘 5/0호
돗바늘
가위

POINT
° 사슬뜨기로 뜨기 시작합니다.

° 마지막 단까지 뜨고 솜을 채워주세요. 뻑뻑이를 넣어도 좋아요. 약 30cm 정도 실을 남기고 자릅니다.

° 마지막 단을 돗바늘로 꿰맨 후 군데군데 원하는 곳에 바늘로 땀을 잡아서 감자의 움푹 패인 부분을 표현해줍니다.

콧수 및 색상표

단수	콧수	증감코	색상
17	12	-6	
16	18	-6	
15	24	-6	
14	30	-6	
6~13	36		황토색
5	36	+6	
4	30	+6	
3	24	+6	
2	18	+6	
1	12		

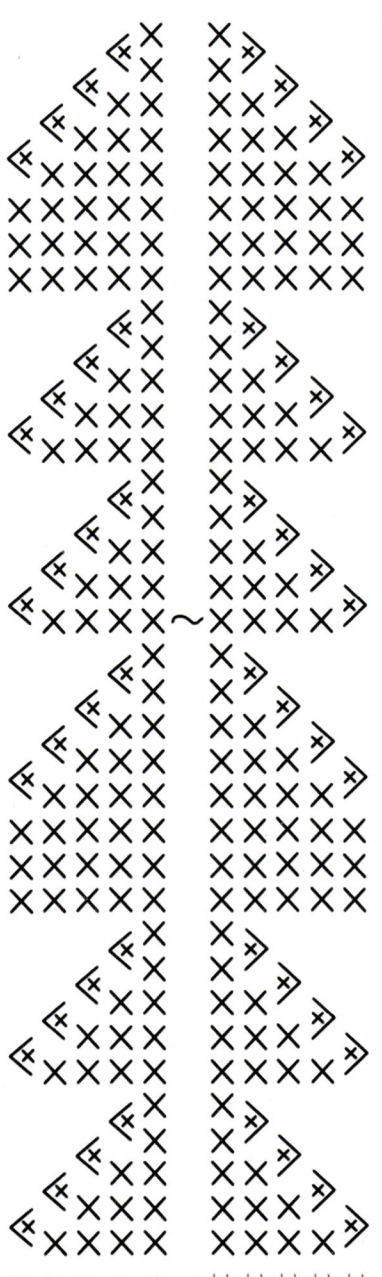

채소가게

마늘

먹으면 큰일 나는 먹거리도 뜨개로 만들면 안전해요.
베이지색 계열의 털실을 사용해서 마늘 뿌리도 만들어보세요.
세상 귀여운 육쪽마늘 완성!

난이도 🐾🐾🐾🐾🐾

How to make

재료

실
◦ 손 염색실
◦ 아이돌 베이지색 혹은 황토색

구름솜

도구

코바늘 5/0호
돗바늘
가위

POINT

◦ 원형코로 뜨기 시작해서 18단까지 도안대로 뜹니다.

◦ 솜을 채웁니다.

◦ 베이지색 혹은 황토색 등의 실을 약 20cm 정도로 10가닥 정도 잘라주세요(사용하는 실의 두께에 따라서 가닥수는 조절합니다). 10줄 모두 모아서 한쪽 끝에 매듭을 묶어줍니다.

◦ 마늘 구멍 안쪽으로 매듭을 넣어준 후 이어서 마지막 단을 뜬 후 약 40cm 정도 실을 남기고 자릅니다.

◦ 돗바늘에 실을 꿰어 남은 구멍을 오므린 후 마늘을 여섯 쪽으로 나눠줍니다.

◦ 손 염색실이 아니어도 다양한 색을 섞어서 떠보세요.

실 넣고 오므리기   여섯 쪽으로 나누기

콧수 및 색상표

단수	콧수	증감코	색상
19	8	-8	
18	16	-8	
17	24	-8	
16	32	-4	
15	36	-6	
10~14	42		
9	42	+6	손 염색실
8	36		
7	36	+12	
6	24	+12	
5	12	+2	
4	10	+2	
2-3	8		
1	8		

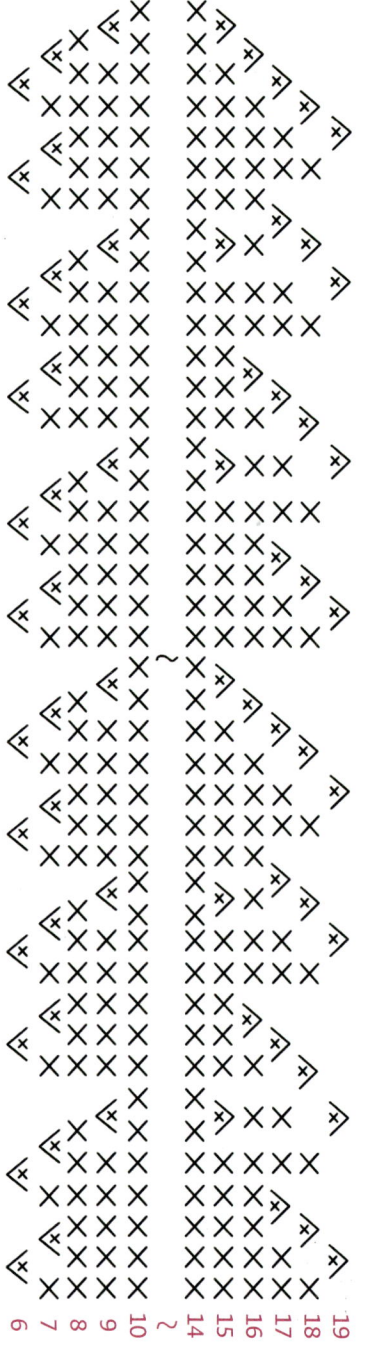

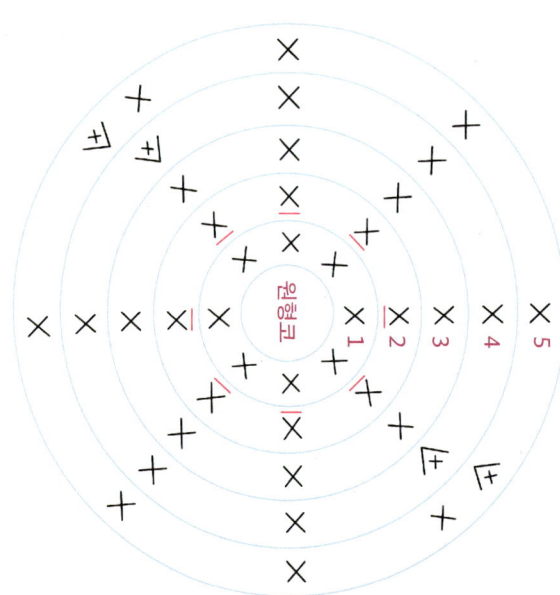

과일가게

How to make

- 110 딸기
- 114 복숭아
- 118 귤
- 122 체리

과일가게

딸기

통통한 딸기 부분에 삑삑이를 넣으면 삑삑- 소리 나는 재미에 푹 빠지고,
이파리 부분은 입에 물고 다니며 신나게 놀기 딱이에요.
작은 사이즈의 장난감 안에는 고양이들이 좋아하는 캣닢을 넣고
끈에 묶어서 놀아줘도 좋아요.

난이도 🐾🐾🐾🐾🐾

How to make

재료

실
- 아바타 빨간색, 초록색, 노란색이나 연두색

구름솜

도구
코바늘 5/0호
돗바늘
가위

POINT

- 원형코로 시작해서 19단까지 뜹니다.
- 노란색이나 연두색으로 실을 바꿔서 22단까지 뜨고 편물을 뒤집어줍니다.
- 솜을 채우고 마지막 단을 뜬 후 약 40cm 정도 실을 남기고 자릅니다. 남긴 실을 돗바늘에 꿰어 오므린 후 딸기 씨를 자유롭게 수놓아줍니다.
- 초록색 실로 원형코로 시작하여 이파리를 뜹니다. 약 30cm 정도 실을 남기고 자른 후 돗바늘에 꿰고 딸기의 위쪽에 고정합니다.

남은 구멍 오므리기

색 바꾸기

딸기 콧수 및 색상표

단수	콧수	증감코	색상
23	6	-6	연두색 혹은 노란색
22	12	-4	
21	16	-8	
20	24		
19	24	-8	
18	32		
17	32	-4	
16	36	-6	
13~15	42		
12	42	+6	
10~11	36		
9	36	+6	빨간색
7~8	30		
6	30	+6	
5	24	+6	
4	18	+6	
3	12	+6	
2	6	+2	
1	4		

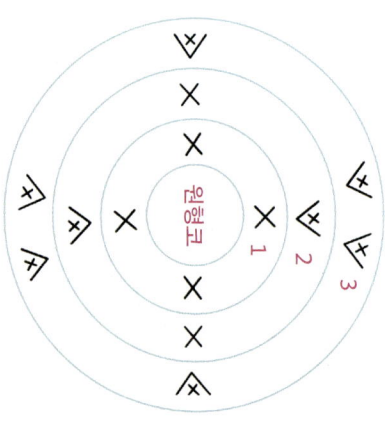

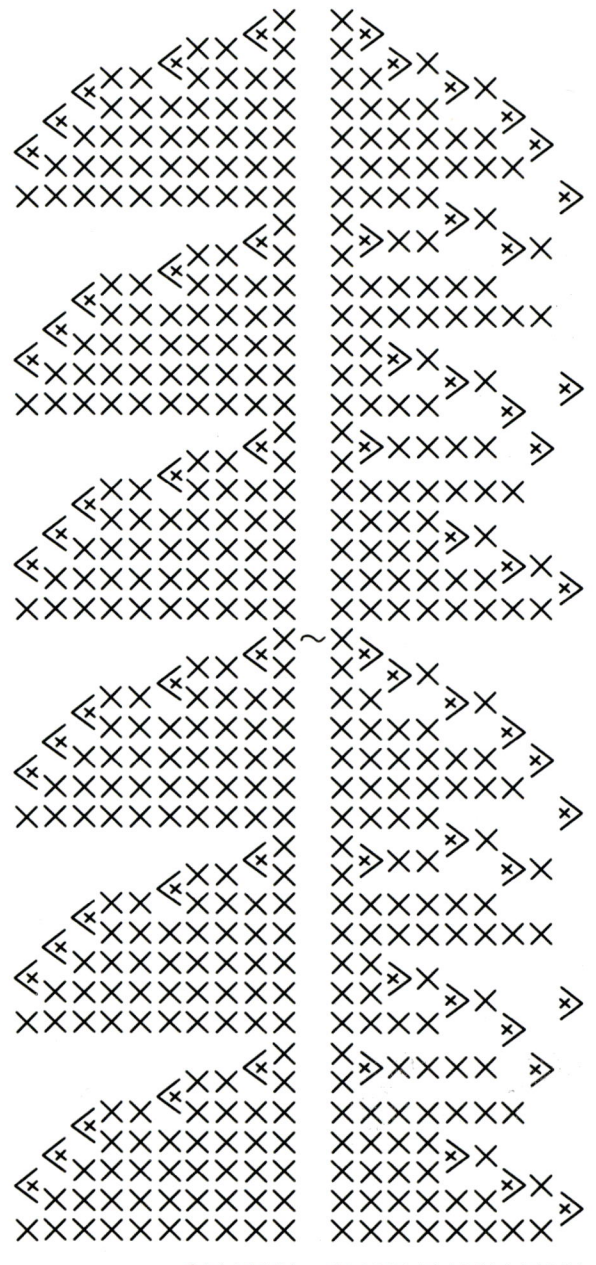

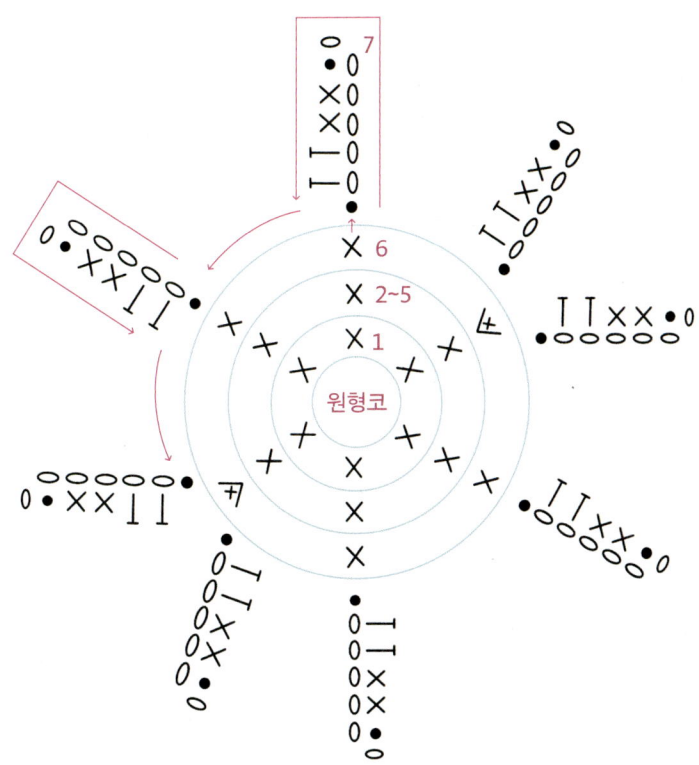

이파리 콧수 및 색상표

단수	콧수	증감코	색상
7			초록색
6	8	+2	
2~5	6		
1	6		

과일가게

복숭아

색감이 달달해서 정말 달큰한 맛이 날 듯한 복숭아를 만들어볼까요.
뜨기 쉽고 예쁜 장난감을 원한다면 당장 복숭아 수확을 시작해보세요!

난이도 🐾🐾

How to make

재료

실
- Retwisst Barid Rain bow
- 아이돌 연두색
- 패브릭얀 혹은 아이돌킹 갈색

구름솜

도구

코바늘 6/0호
돗바늘
가위

POINT

- 갈색 실로 약 20cm 정도 실을 남기고 사슬코를 만들어줍니다. 도안대로 짧은뜨기를 뜬 후 약 20cm 정도 실을 남기고 자릅니다. 남은 실꼬리끼리 아래쪽에서 여러 번 묶어서 매듭을 만들어놓습니다(패브릭얀은 한 겹, 얇은 실은 두 겹 이상 겹쳐서 뜨면 좋습니다).

- 원형코로 뜨기 시작해서 19단까지 뜹니다.

- 솜을 채운 후에 마지막 단을 뜨고 약 40cm 정도 실을 남기고 자릅니다. 남은 구멍을 오므려주기 전에 미리 만들어놓은 줄기의 매듭 부분을 구멍 안에 끼워 넣어줍니다. 돗바늘로 구멍을 오므려서 마무리합니다.

- 복숭아의 시그니처 모양이 되도록 한쪽 부분만 돗바늘로 세로로 통과시킨 후 살짝 당겨서 모양을 만들어주세요.

줄기 넣고 오므리기   복숭아 모양 만들기

복숭아 콧수 및 색상표

단수	콧수	증감코	색상
20	8	-8	
19	16	-8	
18	24	-8	
17	32	-8	
16	40	-4	
15	44	-4	
11~14	48		
10	48	+8	분홍색
9	40		
8	40	+8	
7	32		
6	32	+8	
5	24	+4	
4	20	+5	
3	15	+5	
2	10	+5	
1	5		

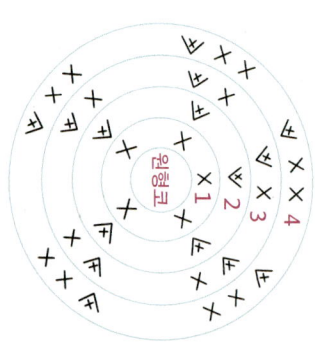

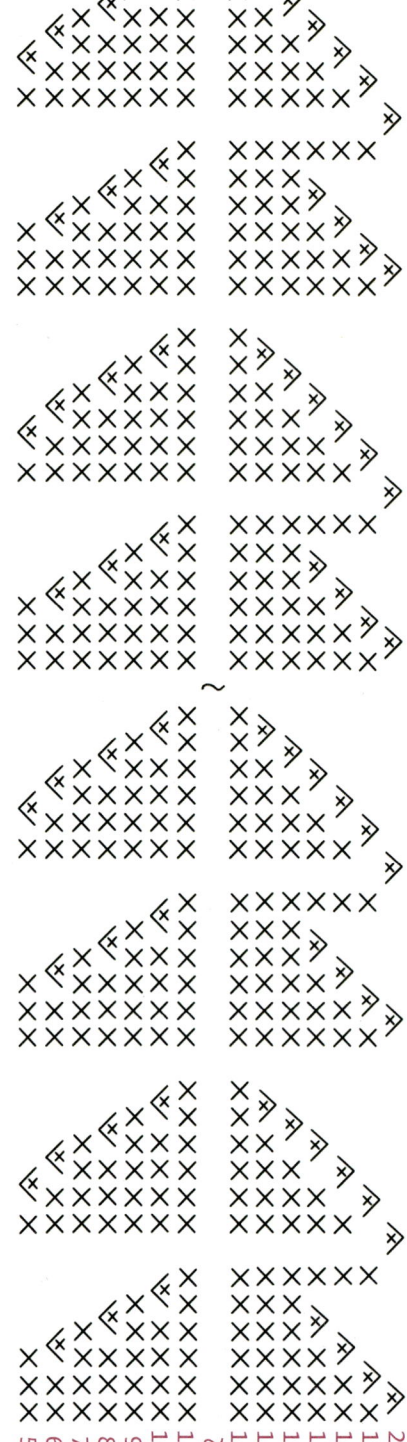

이파리 콧수 및 색상표

단수	콧수	증감코	색상
1	16		연두색

줄기 콧수 및 색상표

단수	콧수	증감코	색상
1	6		갈색

과일가게

귤

귤껍질과 과육을 따로 떠서 실제로 귤을 까먹는 듯한 재미를 선물하세요.
귤껍질 안쪽에 간식을 넣고 귤을 넣으면 빼먹는 재미에 홀딱 빠지게 될걸요?

난이도 🐾🐾🐾🐾🐾🐾

재료

실
- 아이돌킹 연오렌지색, 오렌지색, 연두색
- 흰색(귤 조각 수놓기용)
- 흰색 노끈

구름솜

도구

코바늘 7/0호
돗바늘
가위

POINT

- 귤껍질과 귤 모두 원형코로 시작합니다.
- 귤껍질은 도안대로 끝까지 뜬 후 편물을 뒤집어주고 실을 숨겨서 마무리합니다.
- 귤은 15단까지 뜨고 솜을 채워줍니다. 이어서 마지막 단을 뜬 후 오므려서 마무리합니다(오므리기 전에 흰색 노끈을 넣어주면 잡다 당기면서 껍질에서 빼내며 놀 수 있어요).
- 돗바늘에 흰색 실을 꿰어 귤 조각을 표현해주세요. 조각 개수는 원하는 만큼 쪼개줘도 좋아요! (사진에서 보이는 귤은 8조각으로 나눴답니다.)
- 연두색 계열의 실로 이파리를 뜬 후 약 15cm 정도 실을 남기고 자릅니다.
- 남긴 실을 돗바늘에 꿰고 귤껍질의 1단 부분에 단단하게 꿰매줍니다.

남은 구멍 오므리기

부분 나누기

빼뜨기 후 마무리하기

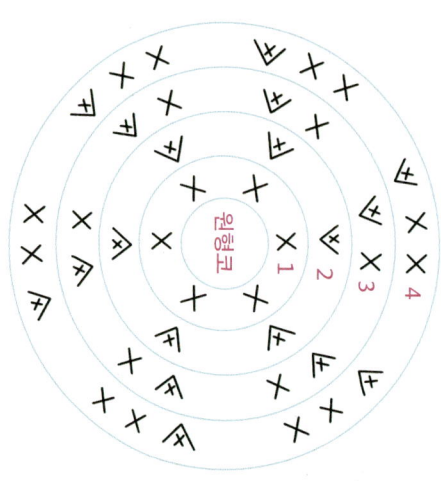

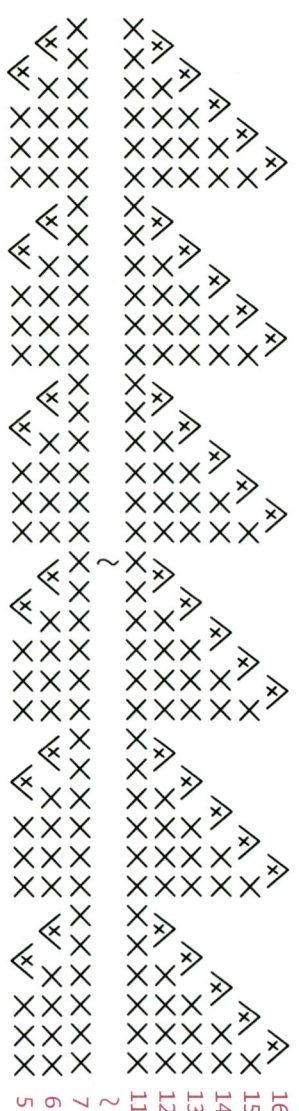

귤 콧수 및 색상표

단수	콧수	증감코	색상
16	6	-6	
15	12	-6	
14	18	-6	
13	24	-6	
12	30	-6	
7~11	36		연오렌지색
6	36	+6	
5	30	+6	
4	24	+6	
3	18	+6	
2	12	+6	
1	6		

껍질 콧수 및 색상표

단수	콧수	증감코	색상
14	36	-6	오렌지색
8~13	42		
7	42	+6	
6	36	+6	
5	30	+6	
4	24	+6	
3	18	+6	
2	12	+6	
1	6		

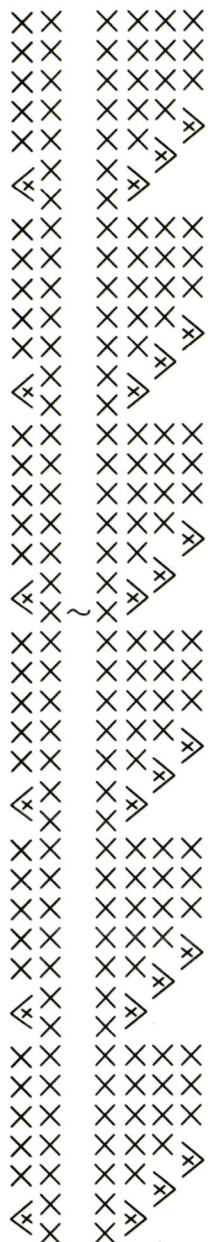

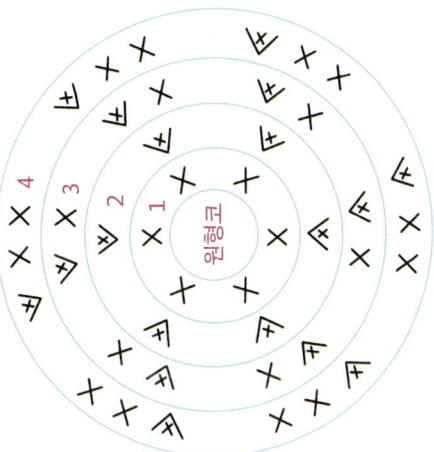

이파리 콧수 및 색상표

단수	콧수	증감코	색상
1	14		연두색

과일가게

체리

동그란 모양으로 금세 체리를 만들었는데 정말 귀여워요.
가운데 두꺼운 끈을 넣어주면 잡아당기며 노는
장난감으로 최고가 될 거예요.

난이도

How to make

재료

실
- 아이돌킹 빨간색, 연두색
- 갈색 두꺼운 노끈

구름솜

도구

코바늘 7/0호
돗바늘
가위

POINT

- 원형코로 뜨기 시작해서 11단까지 뜹니다.
- 솜을 채운 후 매듭을 지은 갈색 끈을 구멍에 넣고 마지막 단을 뜹니다. 돗바늘로 오므려서 마무리합니다.
- 동일한 방법으로 반대쪽 체리도 뜨다가 마지막 단 전에 매듭을 지은 갈색 끈을 넣은 후 끝까지 뜨고 마무리합니다.
- 연두색 실로 이파리를 뜬 후 갈색 노끈을 묶어주세요.

노끈 넣고
오므리기

빼뜨기 후
마무리하기
(이파리 끝부분)

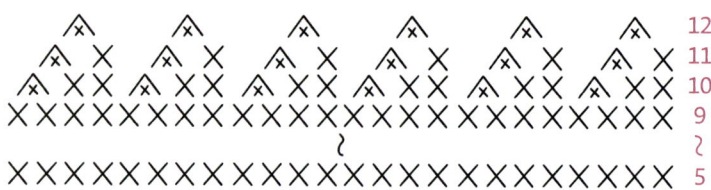

체리 콧수 및 색상표

단수	콧수	증감코	색상
12	6	-6	
11	12	-6	
10	18	-6	
5~9	24		빨간색
4	24	+6	
3	18	+6	
2	12	+6	
1	6		

이파리(연두색)

How to make
- **128** 커피
- **132** 머핀
- **138** 햄버거
- **142** 하트 도너츠
- **146** 아이스크림

카페

커피

이제부터는 커피 타임도 함께해요.
컵 손잡이 부분은 당기면서 놀 수 있고,
커피는 쏙 하고 빠져서 안쪽에 간식을 숨기기에도 좋아요.
커피뿐 아니라 다양한 컬러로 음료를 만들어줘도 좋아요.
컵도 다양한 컬러로 떠보세요!

난이도 🐾🐾🐾

How to make

재료

실
° 아이돌킹 흰색, 갈색
° 흰색 노끈

구름솜

도구

코바늘 7/0호
돗바늘
가위

POINT

° 원형코로 뜨기 시작해서 컵을 끝까지 뜹니다.

° 중간에 이랑뜨기와 사슬코 부분이 있으니 도안을 잘 보며 떠주세요.

° 컵 중간에 생긴 구멍 사이로 노끈을 넣어준 후 안쪽에서 각각 매듭을 지어줍니다(가지고 있는 노끈이 얇다면 머리를 땋는 방법으로 땋아서 손잡이를 만들어줘도 좋아요).

° 원형코로 커피를 뜨기 시작해서 9단까지 뜨고 솜을 채워준 후 마지막 단을 뜹니다. 돗바늘로 오므려서 마무리해주세요.

° 초록색 등 다양한 색으로 다양한 음료를 만들어 보세요.

빼뜨기 후 마무리하기 (컵)

남은 구멍 오므리기 (커피)

컵 콧수 및 색상표

단수	콧수	증감코	색상
7~21	36		
6	36	-4	
5	40	+8	
4	32	+8	흰색
3	24	+8	
2	16	+8	
1	8		

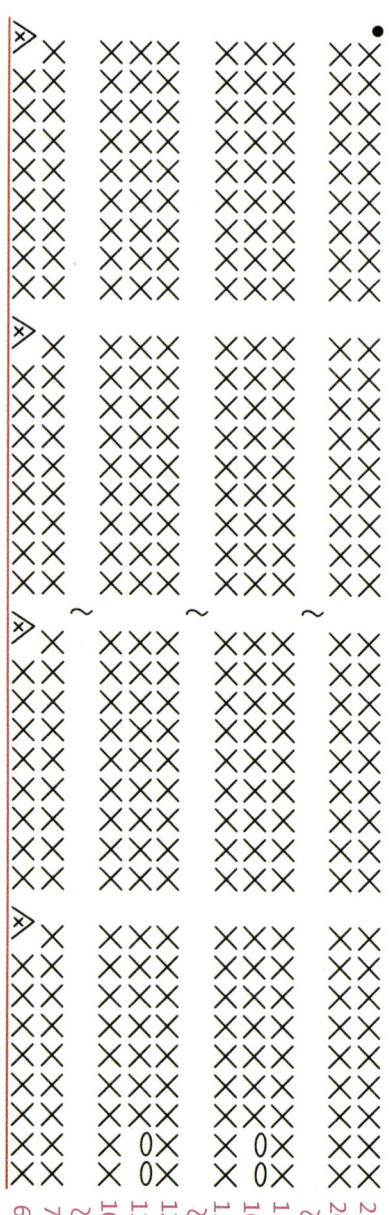

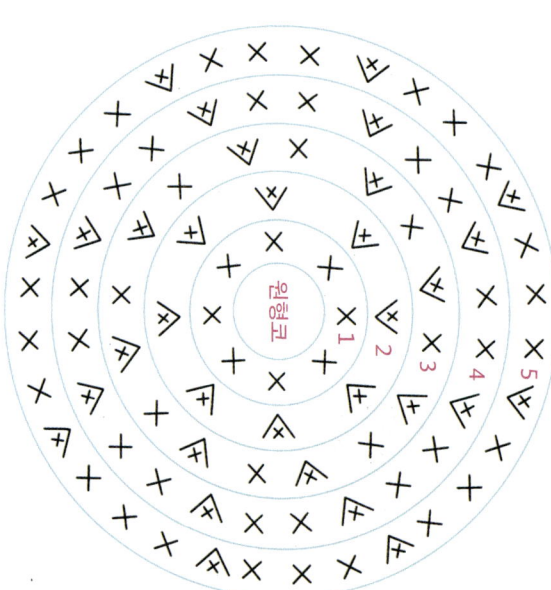

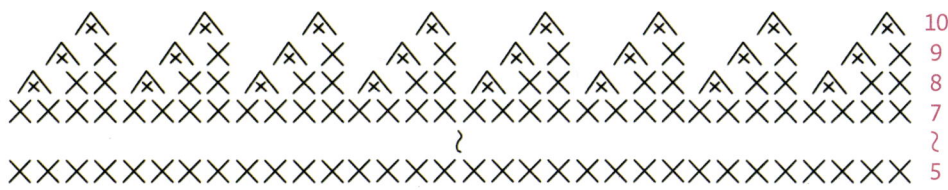

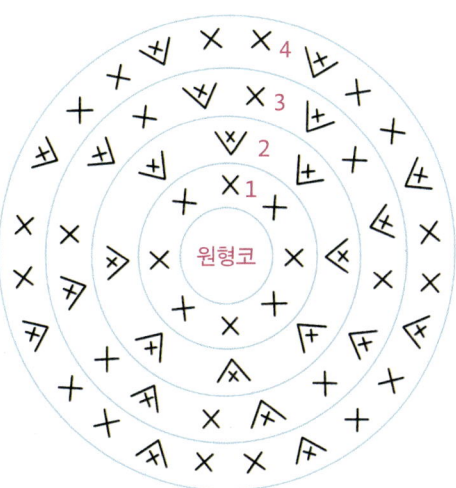

커피 콧수 및 색상표

단수	콧수	증감코	색상
10	8	-8	
9	16	-8	
8	24	-8	
5~7	32		갈색
4	32	+8	
3	24	+8	
2	16	+8	
1	8		

머핀

카페 놀이에 머핀이 있으면 더 완벽하겠죠?
크림, 빵, 머핀 컵이 분리되어 사이사이에 간식을 숨길 수 있어요.
체리와 크림, 빵을 노끈으로 연결하면 잡아당기고 놀기에도,
각 파트를 잃어버리지 않고 잘 보관하기에도 좋은 장난감이에요.

난이도 🐾🐾🐾🐾🐾

How to make

재료

실
- 아바타 흰색
- 올리브2 빨간색, 진갈색, 진빨간색

구름솜

도구

코바늘 5/0호
돗바늘
가위

POINT

- 체리를 뜰 경우 원형코로 뜨기 시작하되 오므리기 전에 초록색 끈을 길게 잘라서 끼운 후에 오므려줍니다.
- 7단까지 뜬 후 초록색 끈이 빠지지 않도록 안쪽에서 매듭을 지어줍니다.
- 마지막 단까지 뜨고 오므려서 마무리합니다(초록색 끈은 바깥쪽으로 길게 나와 있는 상태입니다).
- 크림 부분을 뜨고 접어서 꿰매고 오므리기 전 초록색 끈을 통과시켜 줍니다.
- 초코빵은 원형코로 뜨기 시작하되 초록 끈을 통과시킬 수 있도록 구멍을 살짝 남기고 오므려줍니다.
- 22단까지 뜨고 솜을 채운 후 마지막 단까지 뜹니다.
- 초코빵 위쪽과 아래쪽으로 초록색 끈을 통과시켜줍니다.
- 돗바늘로 오므려서 마무리합니다. 바깥으로 나온 초록색 끈 끝부분을 매듭을 지어서 빠지지 않도록 합니다.
- 컵은 도안대로 옆부분과 바닥을 각각 뜬 후 돗바늘로 연결해 주세요(끈 없이 그냥 쌓기 놀이처럼 만들어도 괜찮아요!).

머핀 크림 만들기

끈 넣고 오므리기

빼뜨기 후 마무리하기 (머핀 컵)

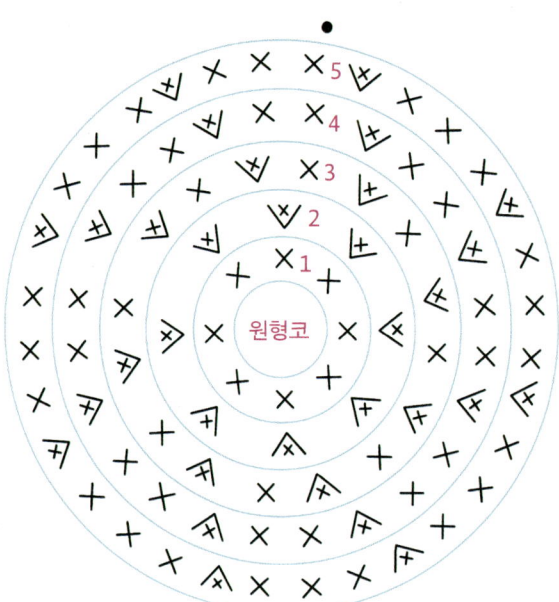

머핀 컵 바닥 콧수 및 색상표

단수	콧수	증감코	색상
5	40	+8	
4	32	+8	
3	24	+8	진빨간색
2	16	+8	
1	8		

머핀 컵 옆면 콧수 및 색상표

단수	콧수	증감코	색상
2~40	10		진빨간색
1	10		

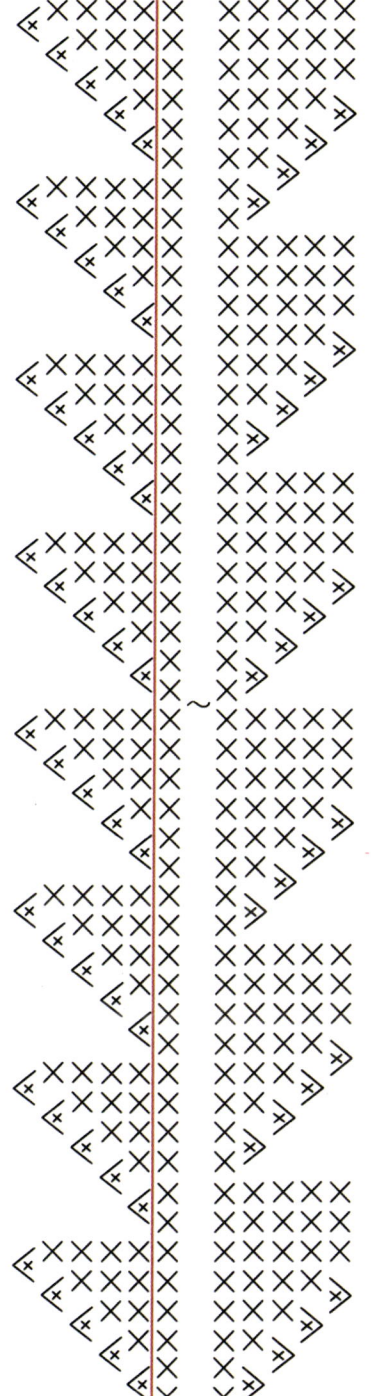

빵 콧수 및 색상표

단수	콧수	증감코	색상
23	8	-8	
22	16	-8	
21	24	-8	
20	32	-8	
19	40	-8	
9~18	48		
8	48	+6	진갈색
7	42	+6	
6	36	+6	
5	30	+6	
4	24	+6	
3	18	+6	
2	12	+6	
1	6		

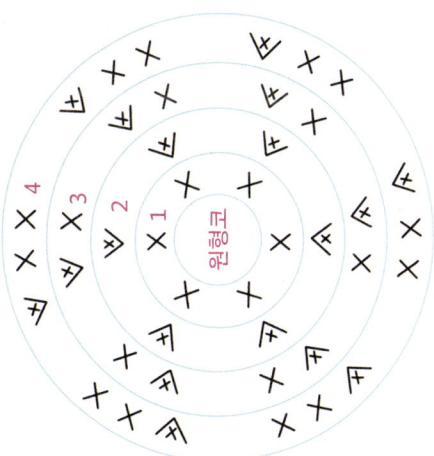

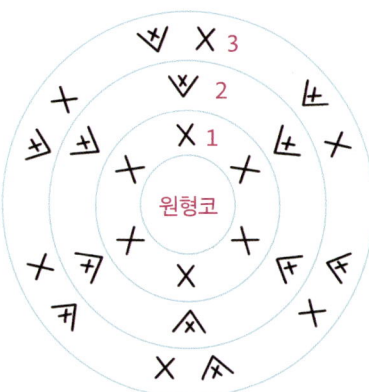

체리 콧수 및 색상표

단수	콧수	증감코	색상
9	6	-6	빨간색
8	12	-6	
4~7	18		
3	18	+6	
2	12	+6	
1	6		

크림 콧수 및 색상표

단수	콧수	증감코	색상
1	32		흰색

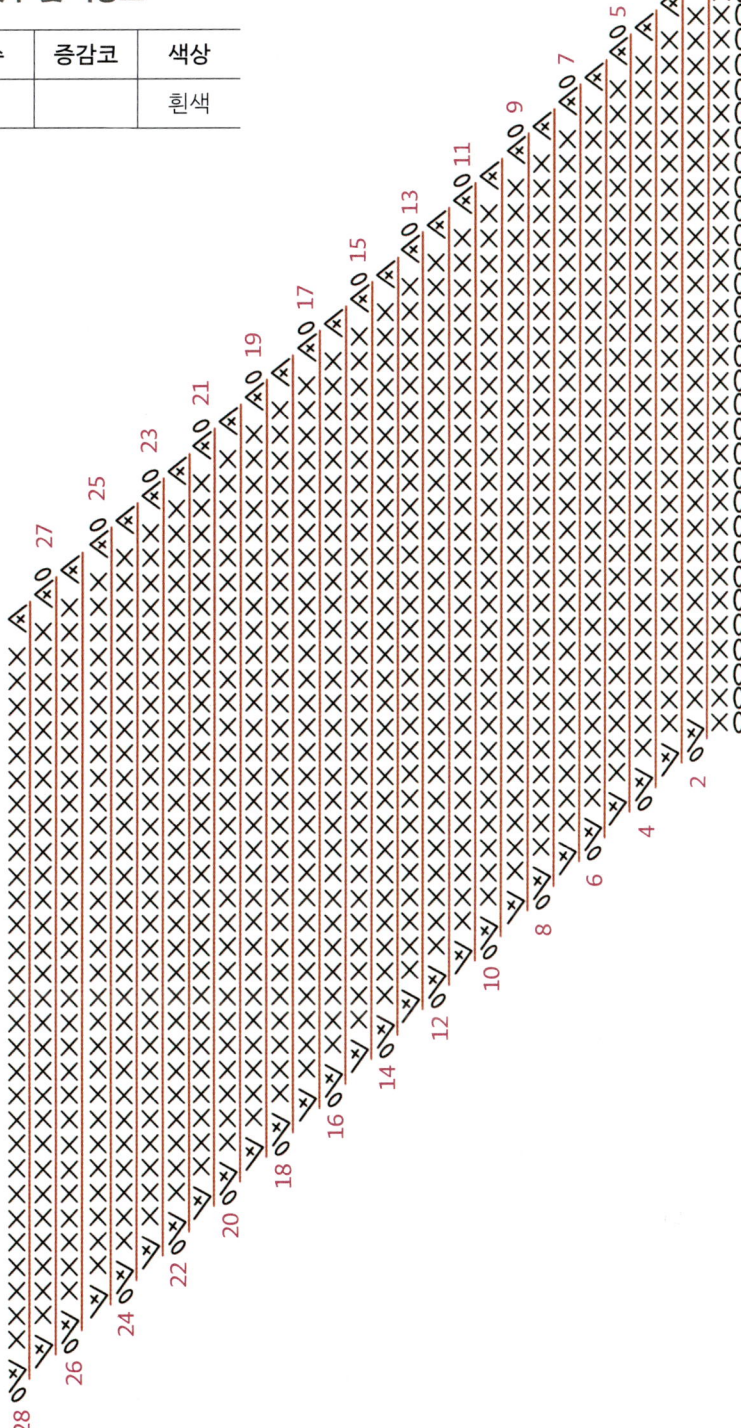

카페

햄버거

햄버거 안쪽에 다양한 재료를 끼워주세요.
다양한 색의 패브릭얀, 상추, 배춧잎, 새우 등을 넣어주면 꺼내고
잡아당기며 진짜 너무 신나게 노는 모습에 행복해질 거예요!

난이도 🐾🐾🐾🐾🐾

How to make

재료

실
- 아이돌킹 베이지색, 흰색, 연두색, 노란색

구름솜

도구

코바늘 7/0호
돗바늘
가위

POINT

- 베이지색 실로 원형코로 뜨기 시작합니다.
- 8단에서 흰색 실로 바꿔서 뜰 때 이랑뜨기도 잊지 마세요.
- 12단까지 뜬 후 솜을 채워줍니다. 윗면은 볼록, 아래쪽은 납작한 번의 형태가 되도록 솜을 채워주세요.
- 마지막 단까지 뜬 후 돗바늘로 오므려서 마무리합니다.
- 같은 방법으로 하나 더 만들되 마지막 단을 뜨기 전 다양한 색의 패브릭얀을 끼워 넣고 빠져나오지 않도록 안쪽에서 매듭을 지어줍니다.
- 안쪽에 끼울 상추는 원형코로, 치즈는 사슬코로 뜨기 시작하여 끝까지 뜹니다.
- 번 두개를 안쪽끼리 맞대어놓고 이랑뜨기를 해서 생긴 라인에 코바늘을 넣어서 24코만 빼뜨기합니다.

남은 구멍
오므리기

색 바꾸기

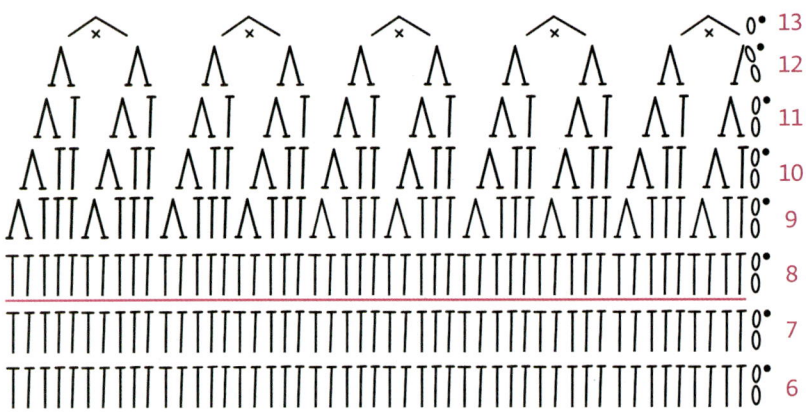

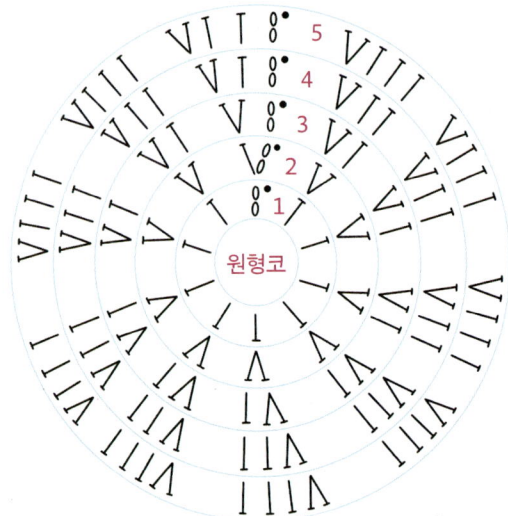

빵 콧수 및 색상표

단수	콧수	증감코	색상
13	5	-5	흰색
12	10	-10	
11	20	-10	
10	30	-10	
9	40	-10	
8	50		
6~7	50		
5	50	+10	베이지색
4	40	+10	
3	30	+10	
2	20	+10	
1	10		

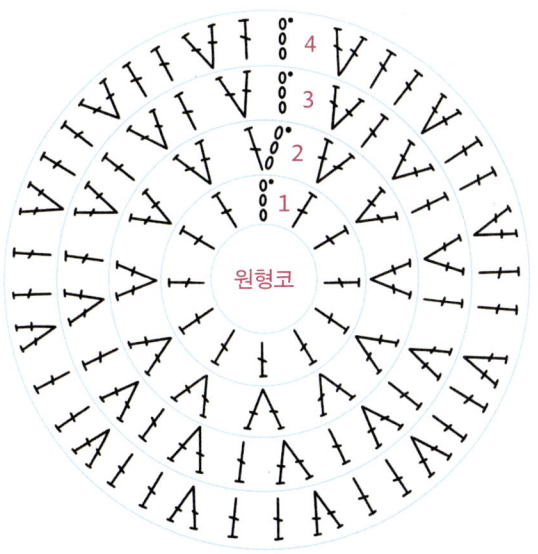

상추 콧수 및 색상표

단수	콧수	증감코	색상
4	48	+12	연두색
3	36	+12	
2	24	+12	
1	12		

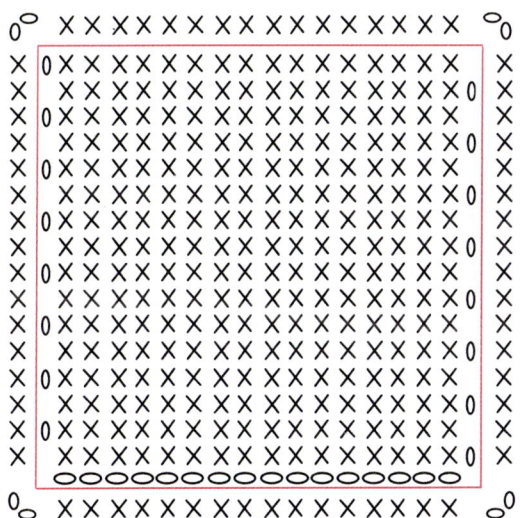

치즈 콧수 및 색상표

단수	콧수	증감코	색상
1~16	16		노란색

하트 도너츠

달달한 디저트를 먹고 있으면 항상 초롱초롱한 눈으로
바라보는 아이가 눈에 밟히곤 하죠.
먹지 못하는 달콤한 것들을 장난감으로 만들어주세요.
달콤한 맛은 나지 않지만 다정하고 달달한 마음만큼은 알아줄 거예요!

난이도 🐾🐾🐾🐾🐾🐾

How to make

재료
실
° 아이돌킹

구름솜

도구
코바늘 7/0호
돗바늘
가위

POINT

° 원하는 도너츠 컬러의 실로 사슬뜨기를 만들어 뜨기 시작합니다. 사슬뜨기를 만든 후 첫 코에 바늘을 넣어 빼뜨기를 한 후 1단을 뜹니다(원형의 모양이 되는데 꼬이지 않도록 사슬코의 방향을 정리한 후 빼뜨기를 합니다).

° 단마다 줄어들고, 늘어나는 부분이 있으므로 도안을 참고하세요.

° 마지막 단은 짧은뜨기 2코만 뜬 후에 약 50cm 정도 실을 남기고 자릅니다.

° 1단과 마지막 단이 만나도록 모양을 잡은 후에 감침질로 꿰맵니다. 약 5cm 정도씩 꿰맨 후에 솜을 조금 채우는 것을 반복하여 끝까지 꿰맵니다.

° 반반 컬러의 도너츠를 뜰 경우 5단까지 뜨고 색을 바꿔서 끝까지 뜹니다.

콧수 밀 색상표

단수	콧수	증감코	색상
11	2		
10	46		
9	46	+6	
8	40	+6	
7	34	+6	
5~6	28		
4	28	-6	
3	34	-6	
2	40	-6	
1	46		

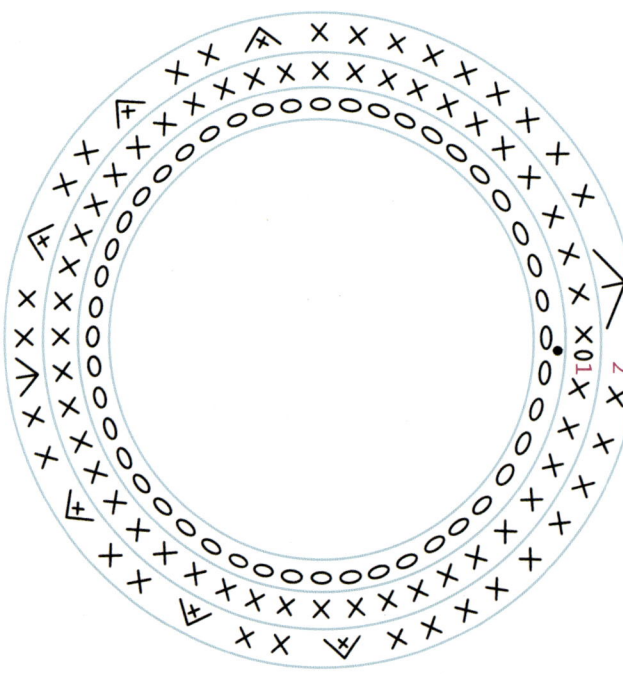

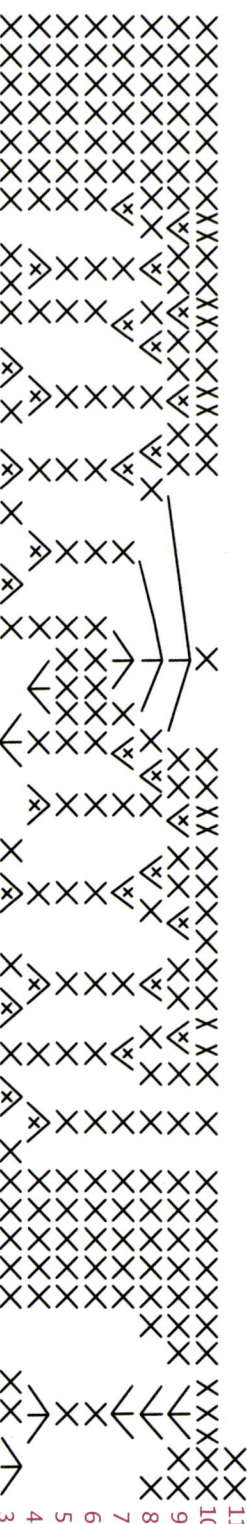

카페

아이스크림

무슨 맛으로 먹어볼까요? 다양한 색상으로 떠보세요.
소프트함이 느껴지는 아이스크림은 1단부터 3단까지 가능해요!

난이도 🐾🐾🐾🐾🐾

How to make

재료
실
° 아바타 흰색
° 아이돌 베이지색

구름솜

도구
코바늘 5/0호
돗바늘
가위

POINT
° 사슬뜨기로 만들어서 아이스크림을 뜨기 시작합니다.
° 가장 아래 얹는 아이스크림부터 맨 위까지 각각 도안이 다르니 도안을 잘 확인하며 떠주세요.
° 원형코로 콘 부분을 뜨고 솜을 채워줍니다.
° 콘 위에 아이스크림을 차례대로 쌓고 돗바늘로 꿰매서 마무리합니다(콘을 뜰 때 21단, 22단의 아래쪽 줄 이랑뜨기를 잊지 말고 떠주세요).

아이스크림 만들기

아이스크림 콘 콧수 및 색상표

단수	콧수	증감코	색상
25~26	48		
24	48	+6	
23	42		
22	42	+6	
21	36		
20	36	+4	
18~19	32		
17	32	+4	
15~16	28		베이지색
14	28	+4	
12~13	24		
11	24	+4	
9~10	20		
8	20	+4	
6~7	16		
5	16	+4	
4	12		
3	12	+4	
2	8	+4	
1	4		

아이스크림 1단 콧수 및 색상표

단수	콧수	증감코	색상
2~28	32		흰색
1	32		

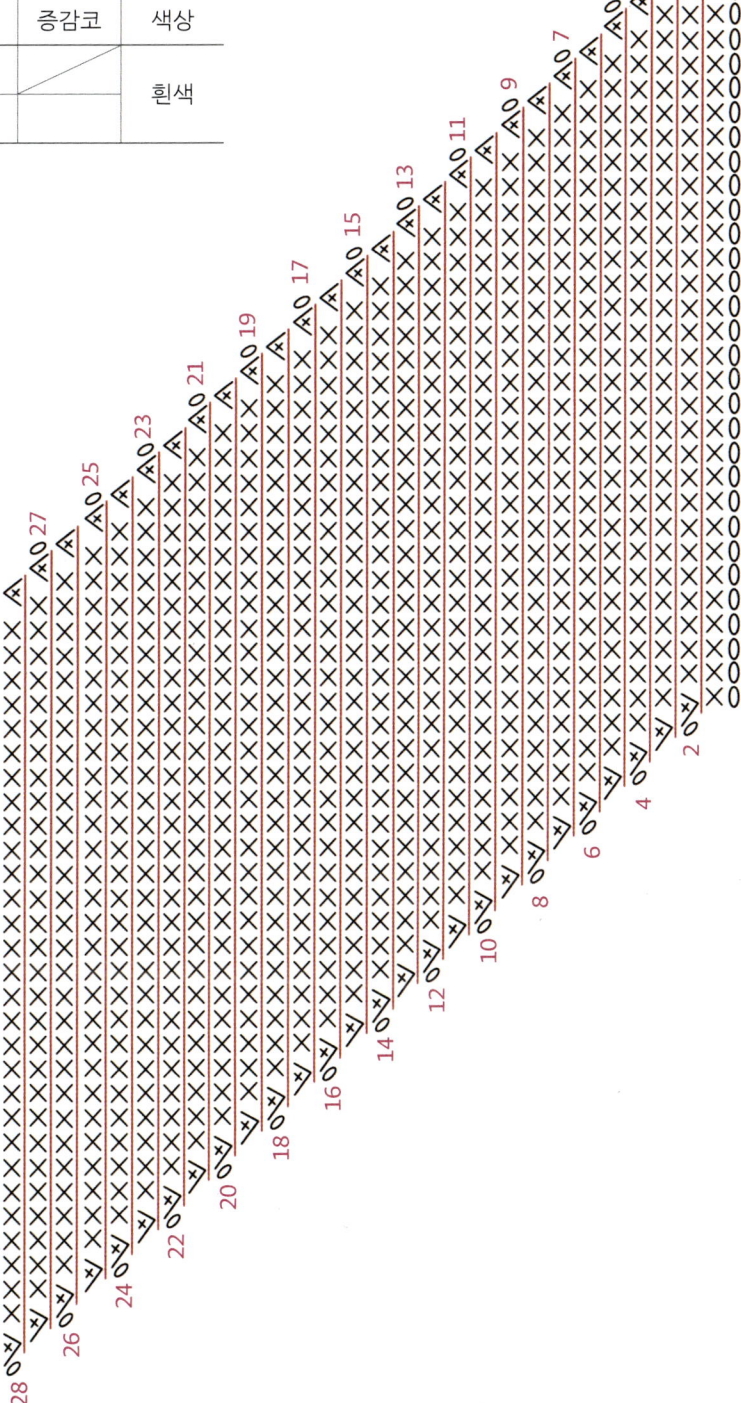

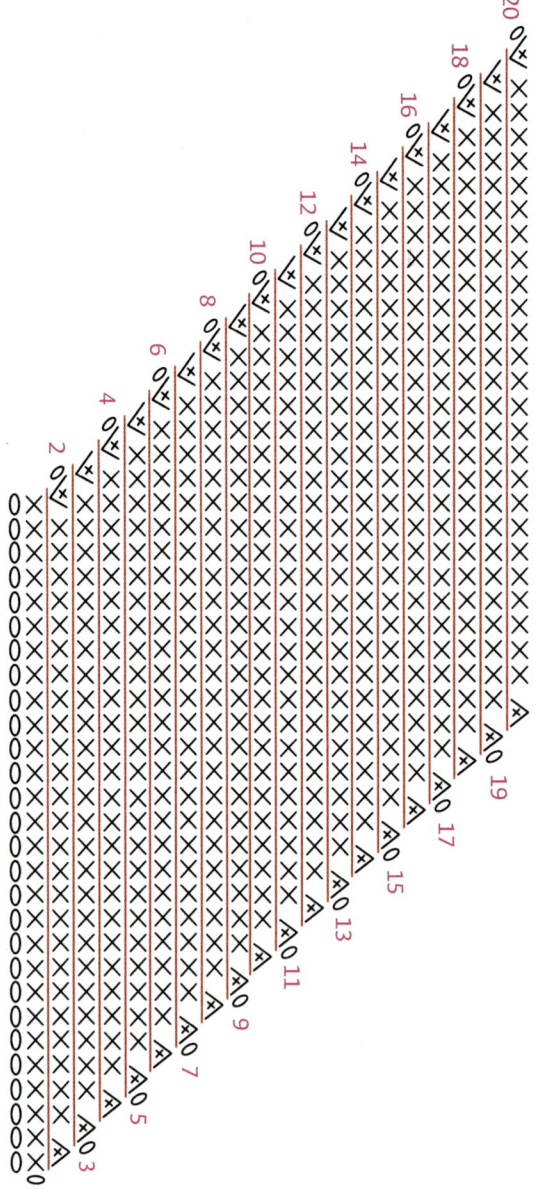

아이스크림 2단 콧수 및 색상표

단수	콧수	증감코	색상
2~20	28		흰색
1	28		

아이스크림 3단 콧수 및 색상

단수	콧수	증감코	색상
2~17	20		흰색
1	20		

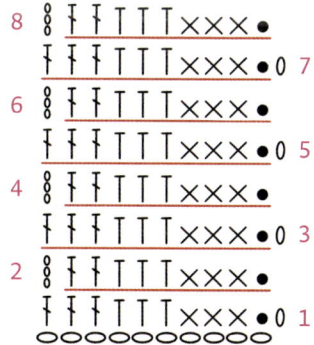

아이스크림 꼭지 콧수 및 색상표

단수	콧수	증감코	색상
2~8	10		흰색
1	10		

분식집

How to make

- 154 김밥
- 158 소시지
- 162 치킨
- 166 새우튀김
- 170 어묵
- 174 케첩·머스터드

김밥

짧은뜨기와 긴뜨기만으로 완성하는 김밥,
다양한 컬러의 패브릭얀이나 우동끈을 활용하여 개성 있는 김밥 재료를 넣어보세요.
밥 안쪽에는 간식을 숨길 수 있어서 더욱 흥미진진한 장난감이 될 거예요!

난이도 🐾🐾🐾🐾🐾

How to make

재료

실
- 아이돌킹 검은색, 흰색
- 다양한 컬러의 패브릭얀 혹은 우동끈, 벨크로

구름솜

도구

코바늘 7/0호
돗바늘
가위

POINT

- 흰색 실로 사슬뜨기를 만들어 뜨기 시작합니다(26쪽 평면뜨기 참고).

- 중간에 이랑뜨기가 있는 단이 있어요. 도안을 잘 확인하여 떠주세요.

- 흰색과 검은색으로 실 컬러를 바꿔서 뜨다가 밥이 될 흰색 실 부분이 안쪽이 되도록 접어줍니다. 검은색 실로 테두리를 짧은뜨기로 떠서 옆면을 막아줍니다.

- 패브릭얀을 길게 잘라서 밥 부분의 안쪽에 밀어넣고 매듭을 묶어서 고정해줍니다. 다양한 컬러의 패브릭얀을 사용해보세요.

- 김밥을 돌돌 말아준 끝부분에 벨크로를 꿰매어 붙여 주세요(너무 넓거나 크지 않게 꿰매야 떼면서 놀 수 있어요).

김밥 옆면 뜨고 재료 넣기   색 바꾸기

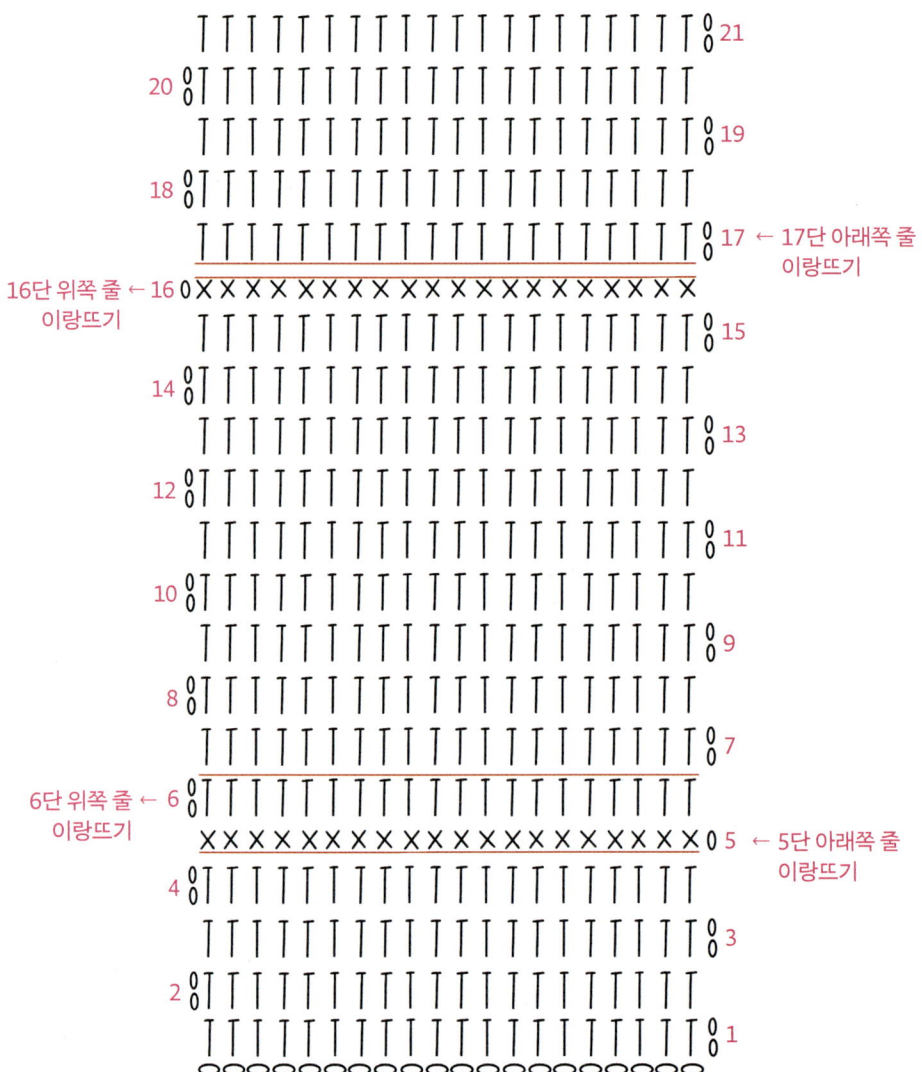

콧수 및 색상표

단수	콧수	증감코	색상
16~21	20		흰색
6~15	20		검은색
2~5	20		흰색
1	20		

분식집

소시지

길쭉한 모양이라 입에 쏙 물리는 좋은 사이즈예요.
만들기 쉬워서 선물하기도 좋고,
파괴력 좋은 아이에게도 부담 없이 새로 떠줄 수 있어서 좋아요.

난이도 🐾

재료

실
- 아이돌 진노란색, 빨간색
- 올리브2 연회색

구름솜

도구

코바늘 5/0호
돗바늘
가위

POINT

- 노란색 실로 사슬뜨기를 만들어 뜨기 시작합니다.
- 5단까지 단마다 뜨는 방법이 동일합니다.
- 6단에서 빨간색으로 실을 바꿔서 7단까지 뜹니다.
- 8단에서 노란색으로 실을 바꿔서 마지막 단까지 동일한 방법으로 뜹니다. 다만 8단만 이랑뜨기로 뜹니다.
- 마지막 단까지 뜬 후 약 40cm 정도 실을 남기고 자릅니다. 남긴 실을 돗바늘에 꿰고 1단과 마지막 단을 감침질로 꿰맵니다. 남은 실은 모두 정리해줍니다.
- 양쪽이 묶인 소시지 모양이 될 수 있도록 양쪽 끝을 제외한 부분에 솜을 채웁니다.
- 연회색 실로 양쪽 끝부분을 묶어서 소시지 모양을 만들어줍니다.

색 바꾸기

콧수 및 색상표

단수	콧수	증감코	색상
8~12	26		진노란색
6~7	26		빨간색
2~5	26		진노란색
1	26		

분식집

치킨

초롱초롱한 눈망울로 쳐다볼 때, 줄 수는 없고 마음 아프셨죠?
치킨 장난감으로 마음으로나마 맛있는 시간을 함께해요.
뼈를 발골할 수 있어서 더 재미있는 장난감,
살을 쏙 발라서 혼자 다 먹을 거예요!

난이도 ★★★★☆

How to make

재료

실
- 울리(링구사) 황토색
- 아이돌 황토색, 흰색

구름솜

도구
코바늘 5/0호
돗바늘
가위

POINT

- 일반 황토색 실로 원형코로 뜨기 시작합니다.
- 19단에서 링구사로 바꿔서 33단까지 뜹니다.
- 편물을 뒤집어준 후 사방에 솜을 조금씩 채우고 끝까지 뜹니다.
- 돗바늘로 오므려서 마무리합니다.
- 흰색 실로 원형코로 뜨기 시작해서 24단까지 뜨고 솜을 채운 후 마지막 단을 뜹니다.
- 실은 약 20cm 정도 남기고 자릅니다. 남은 실을 돗바늘에 꿰어 남은 구멍을 오므린 후에 5단 중앙으로 돗바늘을 빼냅니다. 실을 아래쪽으로 보내고 다시 같은 자리로 빼내며 실을 당겨주는 과정을 몇 번 반복하며 뼈 모양이 되도록 만들어줍니다.

남은 구멍 오므리기 　색 바꾸기

뼈 콧수 및 색상표

단수	콧수	증감코	색상
25	6	-6	흰색
24	12	-6	
4~23	18		
3	18	+6	
2	12	+6	
1	6		

치킨 콧수 및 색상표

단수	콧수	증감코	색상
36	6	-6	황토색 (링구사)
35	12	-6	
34	18		
33	18	-6	
32	24		
31	24	-6	
30	30		
29	30	-6	
27~28	36		
26	36	+6	
24~25	30		
23	30	+6	
21~22	24		
20	24	+4	
19	20	+4	
18	16	-4	황토색 (일반실)
17	20	-4	
5~16	24		
4	24	+6	
3	18	+6	
2	12	+6	
1	6		

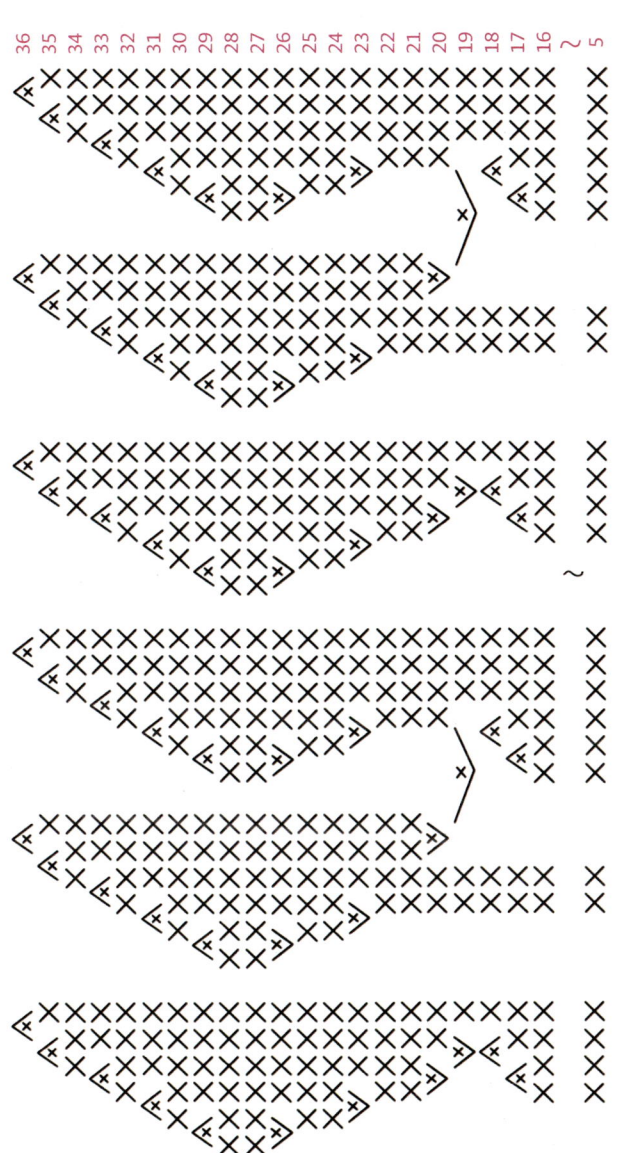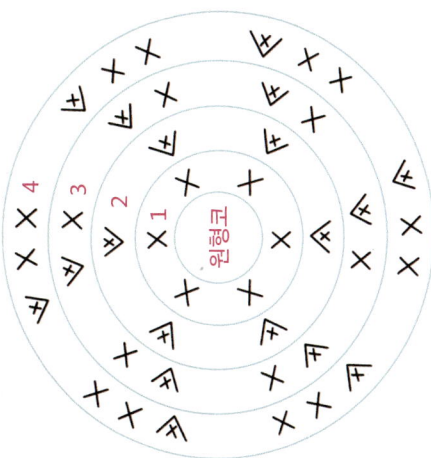

분식집

새우튀김

튀김옷과 새우가 분리돼요.
새우살 안쪽에는 간식을 숨길 수 있어서
알차게 놀 수 있고 귀여움까지 세트인 장난감입니다.

난이도 🐾🐾🐾🐾🐾

How to make

재료

실
- 비스코티(링구사) 황토색
- 아이돌 연한 주황색, 주황색

구름솜

도구

코바늘 5/0호
돗바늘
가위

POINT

- 원형코로 뜨기 시작해서 마지막 단까지 뜹니다(링구사로 뜨되 새우살보다 얇은 실이라면 2겹으로 뜹니다).
- 사슬뜨기로 새우살을 뜨기 시작해서 끝까지 뜨고 실을 정리합니다.
- 새우살과 같은 컬러나 조금 진한 컬러로 꼬리를 뜨고, 새우살 아래쪽에 돗바늘로 꿰매서 고정해줍니다.

빼뜨기 후
마무리하기

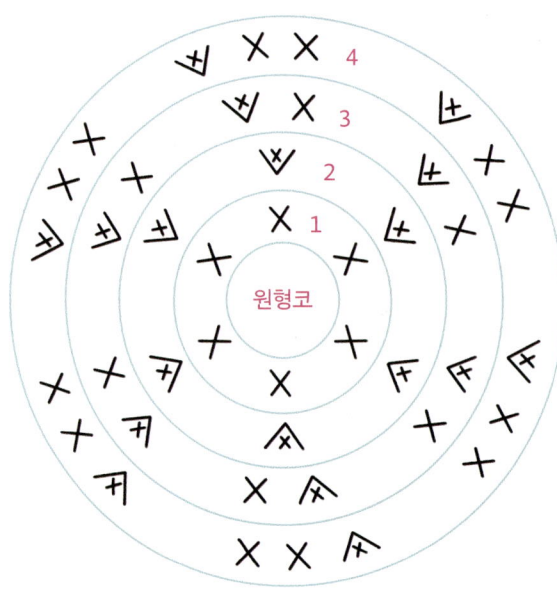

튀김 콧수 및 색상표

단수	콧수	증감코	색상
23	16	-4	
22	20	-4	
5~21	24		황토색 (링구사)
4	24	+6	
3	18	+6	
2	12	+6	
1	6		

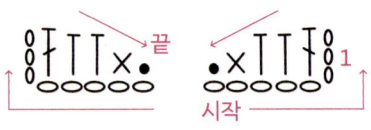

새우 꼬리 콧수 및 색상표

단수	콧수	증감코	색상
1	12		주황색

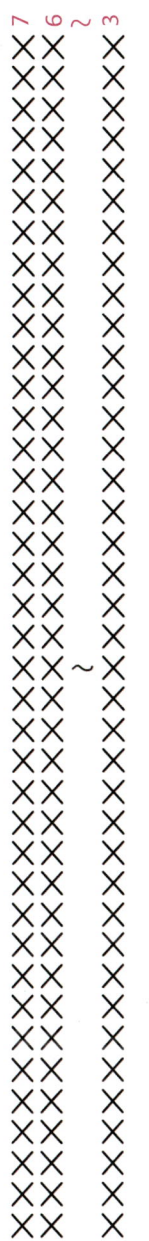
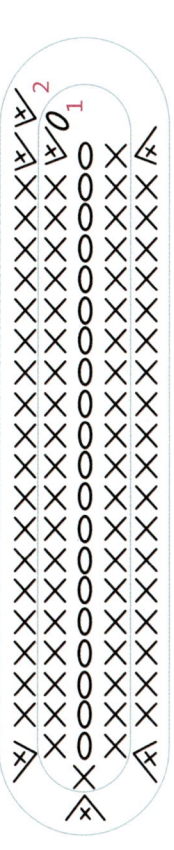

새우 콧수 및 색상표

단수	콧수	증감코	색상
3~7	48		연한 주황색
2	48	+6	
1	42		

분식집

어묵

동그란 어묵 안에 다양한 재료를 넣어보세요.
가래떡이나 어묵뿐 아니라 책에 실린
다른 장난감(새우도 좋고 소시지도 좋아요)을 어묵 사이에 끼워주면
다양한 맛의 어묵 장난감 완성!

난이도 🐾🐾

How to make

재료
실
◦ 아이돌킹 베이지색, 흰색

구름솜

도구
코바늘 7/0호
돗바늘
가위

POINT
◦ 가래떡은 원형코로 뜨기 시작해서 19단까지 뜨고 솜을 채워 줍니다(뻑뻑이를 넣을 경우 이때 넣어줍니다).

◦ 마지막 단까지 뜨고 오므려서 마무리합니다.

◦ 어묵은 사슬뜨기를 만들어 뜨기 시작합니다. 사슬뜨기를 만든 후 첫 코에 바늘을 넣어 빼뜨기를 한 후 1단을 뜹니다.

◦ 같은 방법으로 마지막 단까지 뜨고 실을 정리해줍니다.

남은 구멍
오므리기

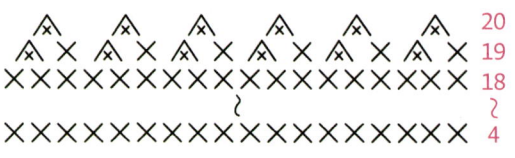

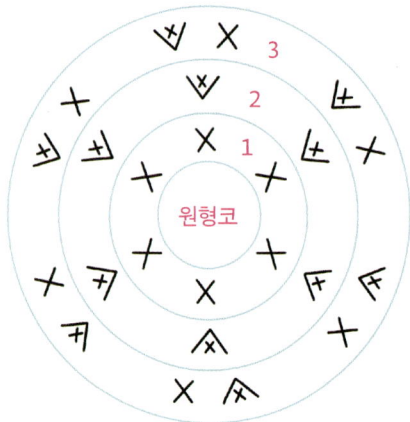

떡 콧수 및 색상표

단수	콧수	증감코	색상
20	6	-6	흰색
19	12	-6	
4~18	18		
3	18	+6	
2	12	+6	
1	6		

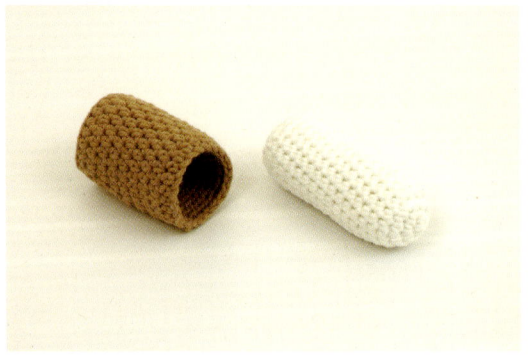

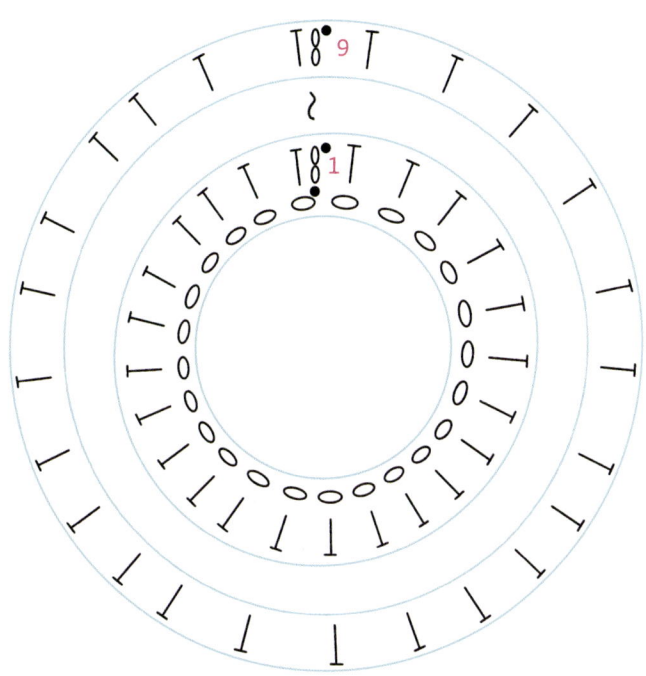

어묵 콧수 및 색상표

단수	콧수	증감코	색상
2~9	24		베이지색
1	24		

분식집

케첩·머스터드

햄버거와 어묵에 빠질 수 없는 세트 장난감이에요.
찍! 하고 소스를 뿌리듯이 패브릭얀을 이용하여 간편하게 소스를 만들어주세요.
아주 쉽게 만들 수 있어요!

난이도 🐾🐾

How to make

재료

실
- 아이돌킹 빨간색, 노란색, 흰색
- 패브릭얀 빨간색, 노란색

구름솜

도구
코바늘 7/0호
돗바늘
가위

POINT

- 원형코로 뜨기 시작해서 26단까지 뜬 후 솜을 채웁니다. 이때 매듭을 지은 패브릭얀을 넣어줍니다(패브릭얀이 얇을 경우 5~6줄을 한 번에 묶어서 넣어주세요).
- 이랑뜨기 부분을 유의해서 떠주세요(5, 19, 22단이 아래쪽 줄 이랑뜨기입니다).
- 끝까지 뜨고 돗바늘로 오므려서 마무리합니다.

패브릭얀 넣고 오므리기

색 바꾸기

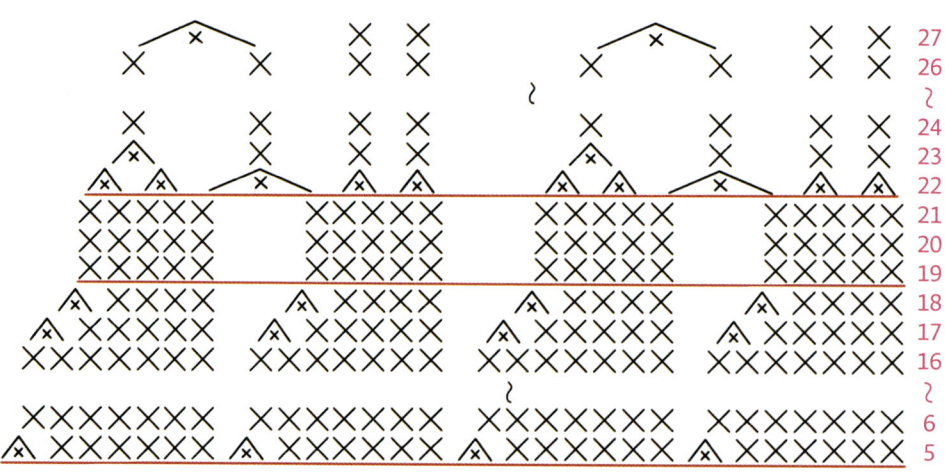

콧수 및 색상표

단수	콧수	증감코	색상
27	6	-2	흰색
24~26	8		
23	8	-2	
22	10	-10	
19~21	20		
18	20	-4	
17	24	-4	
6~16	28		빨간색 혹은 노란색
5	28	-4	
4	32	+8	
3	24	+8	
2	16	+8	
1	8		

붕어빵 가게

How to make

- 180 붕어빵
- 184 땅콩빵

> 붕어빵 가게

붕어빵

떠야 할 부분이 조금 많아서 번거로운 건 사실이에요.
하지만 만들어놓으면 세상 뿌듯함!
붕어빵 혼자 먹지 말고 아이에게도 선물해보세요.
이제 우리 집도 붕세권이랍니다.

난이도 🐾🐾🐾🐾🐾

How to make

재료

실
- 올리브2 황토색
- 올리브2 흰색,
  검은색(눈 수놓기용)

구름솜

도구

코바늘 5/0호
돗바늘
가위

POINT

- 몸통 부분은 원형코로 시작해서 끝까지 뜨고 실은 약 20cm 정도 남기고 자릅니다. 불규칙적으로 이랑뜨기 부분이 있으니 도안을 잘 확인하며 떠주세요(13, 15, 17, 19, 21, 23, 25, 27단 일부에 아래쪽 줄 이랑뜨기가 있어요).

- 솜 넣기 전 꼬리 쪽으로 방향을 돌려서 비늘 무늬를 뜹니다. 몸통을 뜰 때 이랑뜨기를 하며 남은 줄에 걸어서 무늬를 뜹니다(새 실을 갖고 와서 뜨고 이랑뜨기 줄이 끝나면 실을 자르는 것을 모든 줄에서 반복해서 뜹니다).

- 모든 줄에 생기는 무늬의 모양은 동일하지만, 마지막 줄에는 가슴지느러미가 있으니 도안을 보며 뜹니다.

- 솜을 채운 후 몸통에서 남겨놓은 실을 돗바늘에 꿰고 꼬리 끝부분을 감침질로 꿰맵니다.

- 각 줄에 남은 실꼬리들을 돗바늘로 숨겨서 정리합니다.

- 등과 배지느러미를 떠서 돗바늘로 위와 아래쪽에 각각 꿰맵니다.

- 체인 스티치로 입 모양을 수놓아줍니다.

체인 스티치

빼뜨기 후
마무리하기

몸통 무늬

•×⚊†×0 27단 부분
•×⚊†×. •×⚊†×0 25단 부분
•×⚊†×. •×⚊†×. •×⚊†×0 23단 부분
•×⚊†×. •×⚊†×. •×⚊†×. •×⚊†×0 21단 부분
•×⚊†×. •×⚊†×. •×⚊†×. •×⚊†×. •×⚊†×0 19단 부분
•×⚊†×. •×⚊†×. •×⚊†×. •×⚊†×. •×⚊†×0 17단 부분
•×⚊†×. •×⚊†×. •×⚊†×. •×⚊†×. •×⚊†×0 15단 부분
| ⅣΨ •×⚊†×. •×⚊†×. •×⚊†×. •×⚊†×0 13단 부분

가슴 지느러미

두길긴뜨기

```
        × × 0  7
     6  0 × ×
        × × 0  5
     4  0 × ×
        × × 0  3
     2  0 × ×
        × × 0  1
         0 0
```

등지느러미 콧수 및 색상표

단수	콧수	증감코	색상
2~7	2		황토색
1	2		

```
        × × 0  5
     4  0 × ×
        × × 0  3
     2  0 × ×
        × × 0  1
         0 0
```

배지느러미 콧수 및 색상표

단수	콧수	증감코	색상
2~5	2		황토색
1	2		

몸통 콧수 및 색상표

단수	콧수	증감코	색상
33	30		
32	30	+5	
31	25		
30	25	+5	
29	20		
28	20	+10	
27	10	-5	
26	15		
25	15	-5	
24	20		
23	20	-5	
22	25		황토색
21	25	-5	
19~20	30		
18	30	-5	
8~17	35		
7	35	+5	
6	30	+5	
5	25	+5	
4	20	+5	
3	15	+5	
2	10	+5	
1	5		

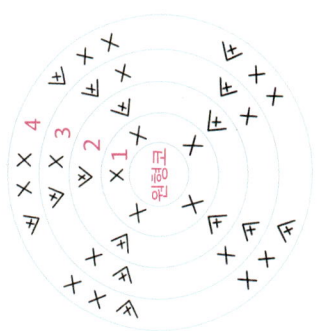

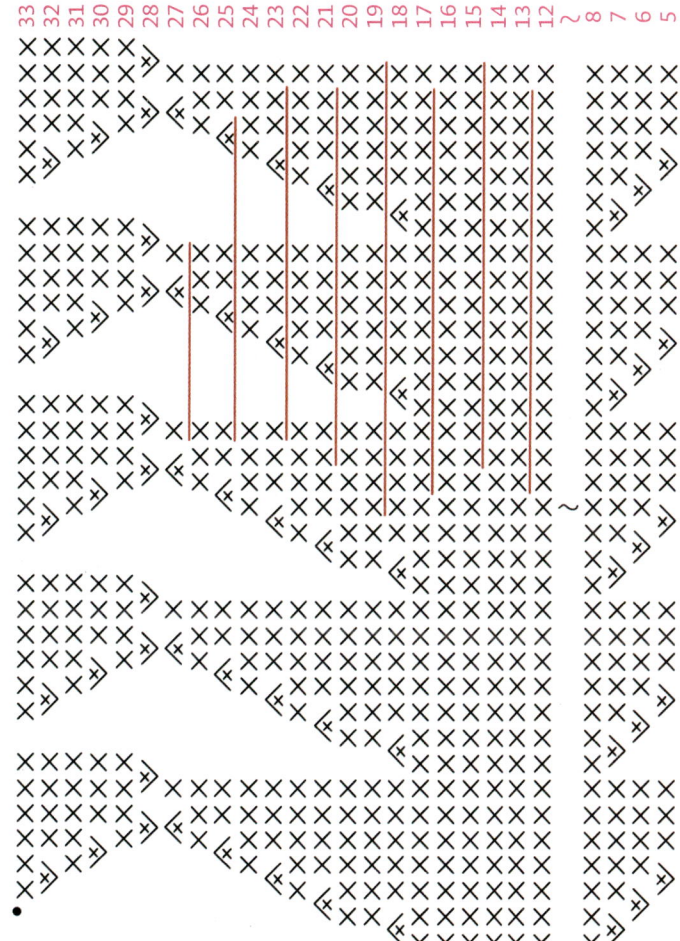

붕어빵 가게

땅콩

아주 간단한 방법으로 만들 수 있는 땅콩입니다.
작은 강아지들이 한입에 쏙 물 수 있는 사이즈여서 아주 좋아해요.
두꺼운 실과 거기에 맞는 두꺼운 코바늘로 뜨면
큰 친구들에게 맞는 사이즈의 땅콩도 물론 만들 수 있어요!
두꺼운 실이 없을 경우에는
갖고 있는 실을 두 겹으로 겹쳐서 떠도 좋아요.

난이도 🐾🐾🐾🐾🐾

How to make

재료
실
° 통통이 코튼 황토색

구름솜

도구
코바늘 5/0호
돗바늘
가위

POINT
° 사슬뜨기를 만들어 뜨기 시작합니다.

° 단마다 뜨는 방법이 동일합니다. 다만 1단을 제외한 단은 이랑뜨기로 떠줍니다(모두 아래쪽 줄 이랑뜨기입니다).

° 마지막 단까지 뜬 후 약 30cm 정도 실을 남기고 자릅니다. 남긴 실을 돗바늘에 꿰고 한쪽을 먼저 오므려준 후 1단과 마지막 단을 감침질로 꿰맵니다.

° 솜을 채우고 구멍을 돗바늘로 오므려준 후 실을 정리해줍니다.

남은 구멍
오므리기

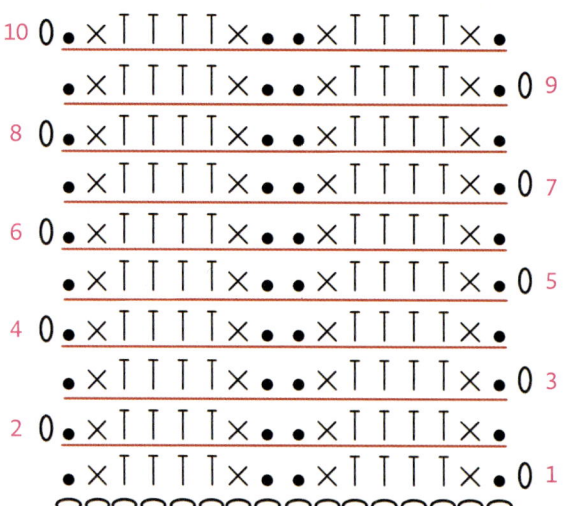

콧수 및 색상표

단수	콧수	증감코	색상
2~10	16		황토색
1	16		

 **맛있게 뜯고 맛보고 즐겼다면 양치도 열심히!**

치약 장난감

치카치카를 싫어하는 아이라도 이 치약 장난감은 좋아할걸요?
쭉 짜낸 치약은 패브릭얀이나 두꺼운 끈을 넣어주면
잡아당기고 놀기에도 아주 좋아요.

난이도 🐾🐾🐾🐾🐾

빼뜨기 후
마무리하기

패브릭얀 넣고
오므리기

17단 &
마무리 방법

재료
실
° 아이돌 민트색
° 흰색 노끈

구름솜

도구
코바늘 5/0호
돗바늘
가위

POINT

° 사슬뜨기를 만들어 뜨기 시작합니다. 16단까지 평면으로 뜨다가 17단에서 각각 앞줄과 뒷줄을 걸어서 원형의 형태로 뜹니다.

° 41단까지 도안대로 뜨고 솜을 채워줍니다(삑삑이를 넣을 경우 이때 넣어줍니다).

° 노끈 끝부분에 매듭을 묶어서 구멍 안쪽으로 넣어줍니다.

° 마지막 단을 뜨고 솜을 마저 채운 후 돗바늘로 오므려서 마무리합니다.

° 사슬뜨기로 뚜껑을 만들어 뜨기 시작합니다. 약 15cm 정도 실을 남기고 자른 후 치약 부분에 끼워놓은 노끈을 뚜껑으로 통과시킨 후 돗바늘에 꿰어 치약 위쪽에 동그랗게 꿰매줍니다.

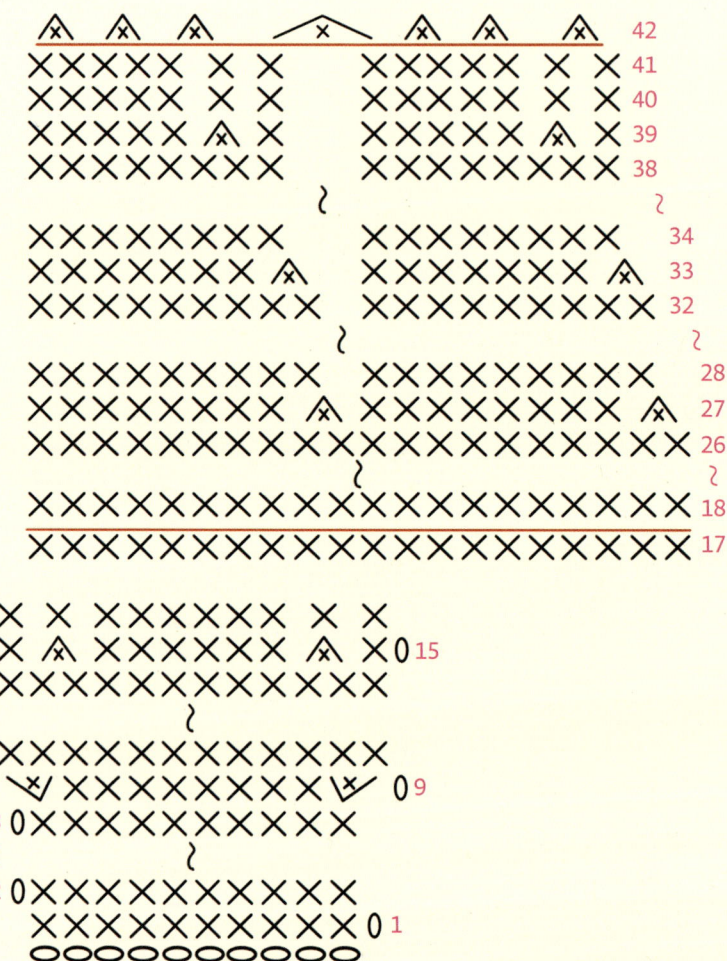

치약 콧수 및 색상표

단수	콧수	증감코	색상
42	7	-7	
40~41	14		
39	14	-2	
34~38	16		
33	16	-2	
28~32	18		
27	18	-2	
18~26	20		민트색
17	20	+10	
16	10		
15	10	-2	
10~14	12		
9	12	+2	
2~8	10		
1	10		

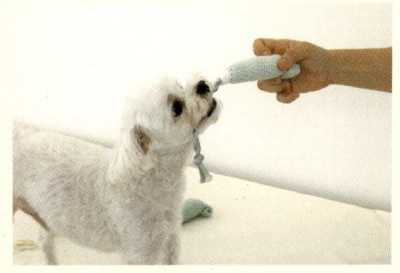

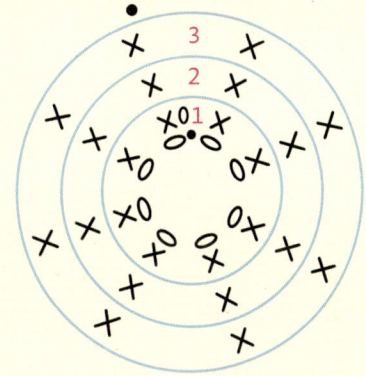

치약 뚜껑 콧수 및 색상표

단수	콧수	증감코	색상
2~3	8		민트색
1	8		

액세서리

How to make

- ⑲④ 강아지 얼굴 배변봉투
- ⑲⑧ 우유 모양 배변봉투
- ㉒② 감귤 모자
- ㉒⑥ 학사모

강아지 얼굴 배변봉투

우리 아이 얼굴과 닮은 배변봉투를 만들어보세요.
컴팩트한 사이즈로 산책 가방에 달거나 리드 줄에 달아도 좋아요.

난이도 🐾🐾🐾🐾🐾🐾

How to make

재료

실
° 아이돌 흰색, 갈색, 빨간색, 노란색

도구

코바늘 5/0호
돗바늘
가위
인형눈
코(수놓는 것으로 대체해도 됩니다.)

POINT

° 사슬뜨기로 만들어 뜨기 시작합니다. 사슬코를 만들고 첫 코에 바늘을 넣어 빼뜨기를 한 후에 1단을 뜹니다.

° 도안대로 끝까지 뜹니다.

° 끈은 사슬뜨기, 귀는 원형코로 만들어 뜨기 시작합니다.

° 끈은 가방의 2단 사이에 긴뜨기 2코마다 지그재그로 통과시킵니다. 배변봉투를 넣고 봉투 끝은 아래쪽 구멍으로 빼주고 위쪽 끈을 리본으로 묶어줍니다.

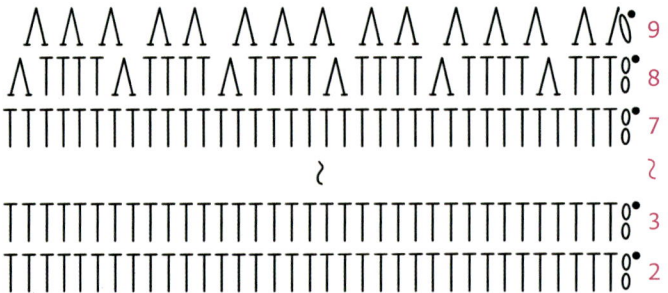

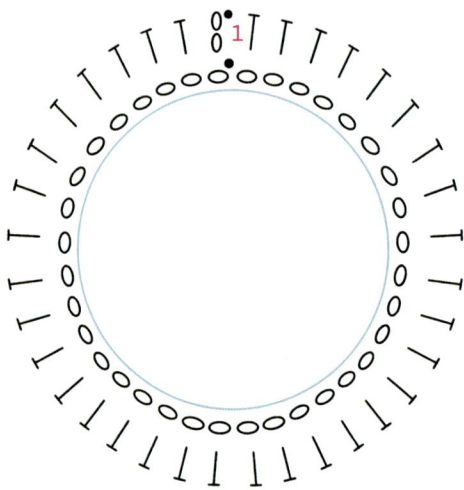

얼굴 콧수 및 색상표

단수	콧수	증감코	색상
9	15	-15	흰색 혹은 갈색
8	30	-6	
2~7	36		
1	36		

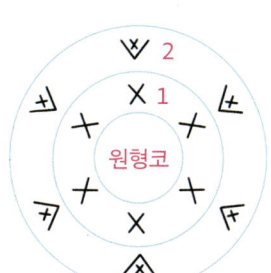

귀 콧수 및 색상표

단수	콧수	증감코	색상
6	10	-2	흰색 혹은 갈색
3~5	12		
2	12	+6	
1	6		

끈 콧수 및 색상표

단수	콧수	증감코	색상
1	50		빨간색 혹은 노란색

> 액세서리

우유 모양 배변봉투

산책 필수품! 귀여움으로 장착해보세요.
좋아하는 우유 맛 색상으로 만들고 뚜껑 부분에서 봉투를 한 장씩 빼서
쓸 수 있어서 정말 유용해요!

난이도 🐾🐾🐾🐾🐾

How to make

재료

실
° 아이돌 노란색, 초록색,
  분홍색, 빨간색

도구

코바늘 5/0호
돗바늘
가위

POINT

° 원하는 우유 색상의 실로 사슬뜨기를 만들어 뜨기 시작합니다. 이랑뜨기 부분이 있으니 도안을 잘 확인하며 떠주세요(4, 11, 13단 모두 아래쪽 줄 이랑뜨기입니다).

° 뚜껑은 사슬뜨기를 만들어 뜨기 시작합니다. 사슬코를 만들고 첫 코에 바늘을 넣어 빼뜨기를 한 후에 1단을 뜹니다. 도안대로 끝까지 뜨고 실을 약 30cm 정도 남기고 잘라줍니다.

° 남은 실을 돗바늘에 꿰어주고 우유 부분에 꿰매서 고정해줍니다. 뒤쪽에 일부만 꿰매주세요.

° 앞쪽 뚜껑을 들어서 배변을 넣은 후 봉투 끝은 뚜껑 가운데로 빼주면 완성!

빼뜨기 후
마무리하기

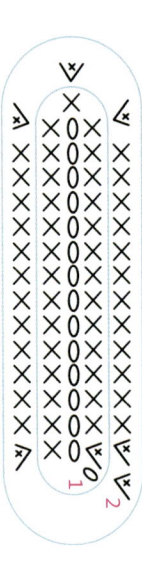
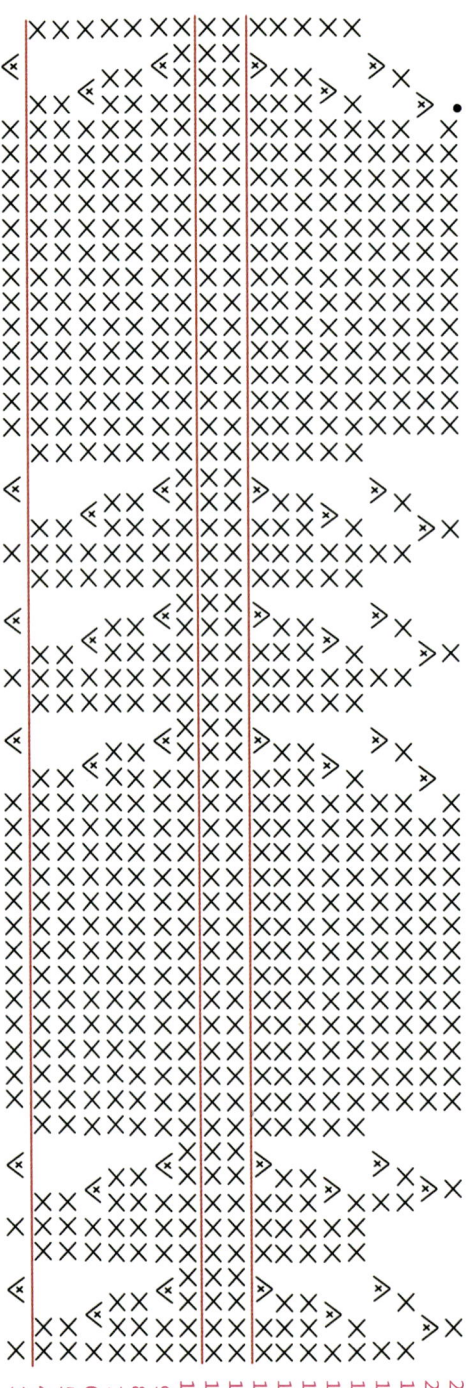

우유 콧수 및 색상표

단수	콧수	증감코	색상
21	30		
20	30	-6	
19	36		
18	36	-6	
17	42		
16	42	-6	
14~15	48		
13	48	-6	노란색
10~12	54		혹은
9	54	+6	분홍색
7~8	48		
6	48	+6	
4~5	42		
3	42	+6	
2	36	+6	
1	30		

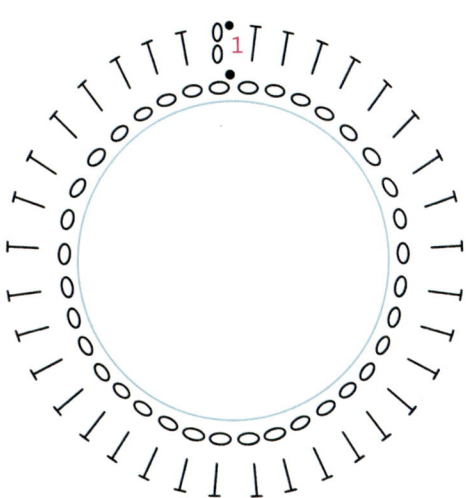

뚜껑 콧수 및 색상표

단수	콧수	증감코	색상
4	14	-4	초록색 혹은 빨간색
3	18	-18	
2	36		
1	36		

액세서리

감귤 모자

**귤 모자는 어딜 가나 귀엽다는 이야기를 듣게 될 거예요.
귀를 넣고 턱에서 끈을 묶을 수 있어 벗겨짐이 덜해요.
당장 여행을 떠나고 싶은 감귤 모자를 떠보세요.**

난이도 🐾🐾🐾🐾🐾🐾

How to make

재료

실
° 아이돌 주황색, 흰색,
  연두색

구름솜

도구

코바늘 5/0호
돗바늘
가위

POINT

° 원형코로 뜨기 시작해서 끝까지 뜹니다(15단은 위쪽 줄 이랑뜨기로 떠주세요).

° 흰색 실로 귤 부분에 무늬를 수놓으면 더 귀여워요.

° 연두색 실로 사슬코 9코를 만들고 두 번째 코부터 빼뜨기를 뜨면서 첫 번째 이파리를 만들어줍니다. 이어서 사슬코 4코를 만들고 두 번째 코부터 빼뜨기 3코를 뜨고 다시 이어서 사슬코 6코를 만든 후 두 번째 이파리를 만들어주세요. 처음 만든 사슬코 3코에 빼뜨기를 하면 이파리가 2개 달린 줄기가 완성됩니다.

° 양쪽에 사슬코로 만든 끈을 달아주면 완성입니다.

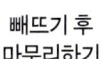
빼뜨기 후
마무리하기

모자 끈

모자 콧수 및 색상표

단수	콧수	증감코	색상
15~16	56		
14	56	+4	
13	52		
12	52	+4	
9~11	48		
8	48	+6	
7	42	+6	주황색
6	36	+6	
5	30	+6	
4	24	+6	
3	18	+6	
2	12	+6	
1	6		

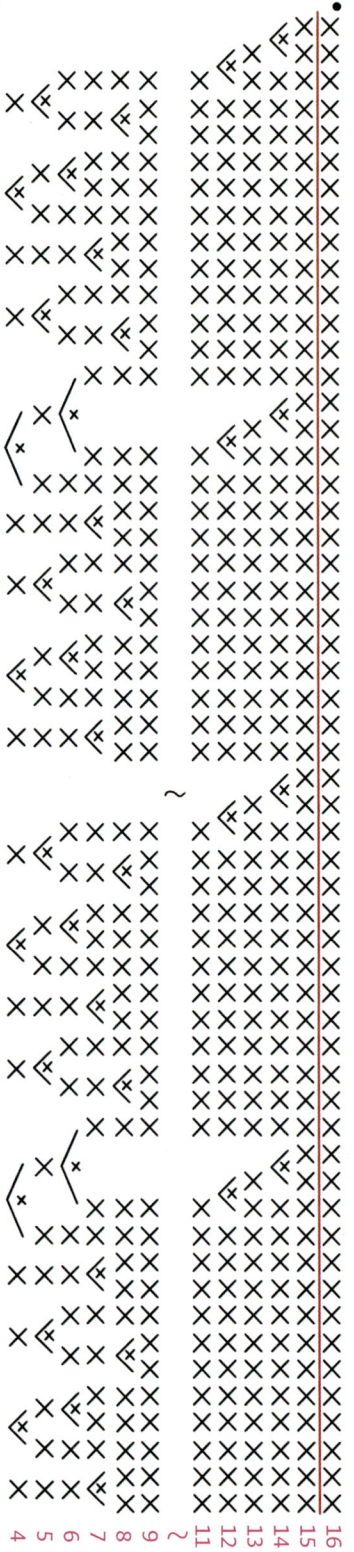

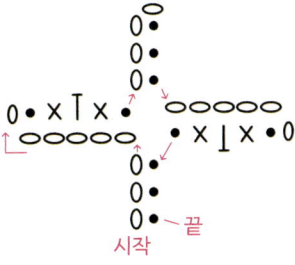

이파리와 줄기 콧수 및 색상표

단수	콧수	증감코	색상
1	도안을 참고해서 뜨세요.		연두색

액세서리

학사모

졸업식에 커플 룩으로 함께 사진 찍어요. 특별한 날이 더 특별해질 거예요.
그리고 힘들었던 떠돌이 생활을 마치고 가족과 함께하게 된 아이들에게
씌워주고 싶은 마음으로 준비했어요.
유기견, 유기묘 졸업한 것, 진심으로 축하하고 사랑합니다!

난이도

How to make

재료

실
° 아이돌 검은색
° 금색 자수실
° 가방 바닥

도구

코바늘 5/0호
돗바늘
가위

POINT

° 사슬뜨기를 만들어 뜨기 시작합니다.

° 18단까지 평면뜨기로 뜬 후에 테두리를 뜬 후 실을 자르고 숨겨줍니다.

° 똑같은 방법으로 하나 더 뜬 후에 2장을 안쪽 면끼리 마주 보도록 겹쳐놓습니다. 2장의 코로 동시에 코바늘을 넣으면서 짧은뜨기로 한 바퀴 모두 떠주세요(3개의 면을 뜬 후 가방바닥 등 딱딱한 소재를 넣어준 뒤 남은 한 면도 떠줍니다).

° 약 40cm 정도 실을 남기고 사슬코로 머리에 씌울 동그란 부분을 뜨기 시작합니다. 도안대로 7단까지 뜨고 8단을 뜰 때 끈 부분을 함께 떠줍니다.

° 동그란 부분의 1단을 네모의 가운데 놓고 남겨 놓은 실꼬리를 돗바늘에 꿰어서 동그랗게 꿰매줍니다.

° 금색 실을 반으로 접어 통통하게 만든 후 접힌 위쪽의 약 1cm 아래를 묶어줍니다. 끈을 연결해서 네모의 모서리에 연결해 주세요.

빼뜨기 후
마무리하기

학사모 윗부분 콧수 및 색상표

단수	콧수	증감코	색상
2~18	18		검은색
1	18		

학사모 아랫부분 콧수 및 색상표

단수	콧수	증감코	색상
8	42		
7	42	6	
4~6	36		검은색
3	36		
2	30		
1	30		

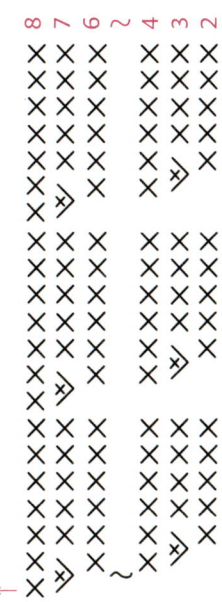
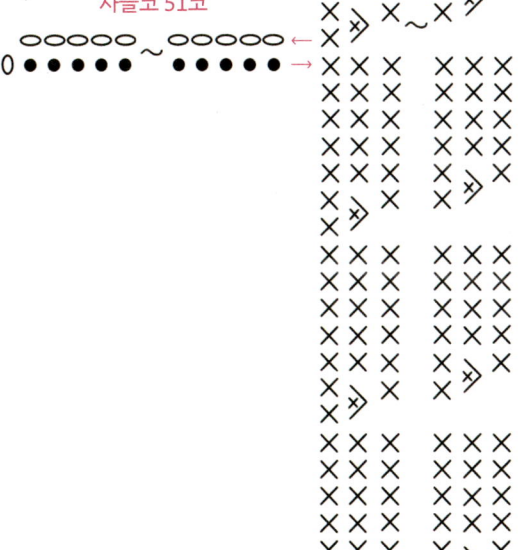
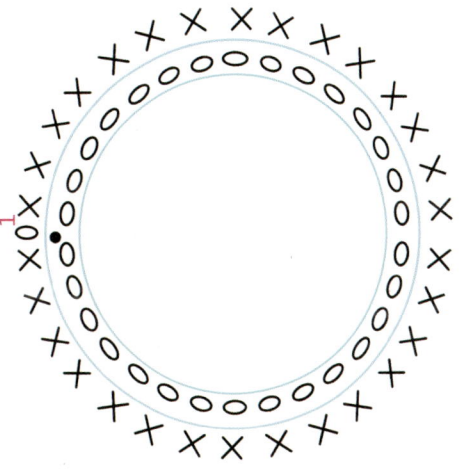

쉽게 만들고 신나게 즐길 수 있는
강아지 손뜨개 장난감

초판 1쇄 발행 2024년 2월 25일

지은이 문주희
펴낸이 이지은
펴낸곳 팜파스
기획·진행 이진아
편집 정은아
디자인 박진희
마케팅 김민경, 김서희

출판등록 2002년 12월 30일 제10-2536호
주소 서울시 마포구 어울마당로5길 18 팜파스빌딩 2층
대표전화 02-335-3681   **팩스** 02-335-3743
홈페이지 www.pampasbook.com | blog.naver.com/pampasbook
인스타그램 www.instagram.com/pampasbook
이메일 pampas@pampasbook.com

값 20,000원
ISBN 979-11-7026-632-7 (13590)

ⓒ 2024, 문주희

- 이 책의 일부 내용을 인용하거나 발췌하려면 반드시 저작권자의 동의를 얻어야 합니다.
- 잘못된 책은 바꿔 드립니다.

이 책에 나오는 작품은 저자의 소중한 작품입니다.
작품에 대한 저작권은 저자에게 있으며 2차 수정·도용·상업적 용도·수업 용도의 사용을 금합니다.